소통의 품격

소통의 품격

성공한 사람들의
13가지 특별한 소통법

·
김옥림 지음
·

미래북
miraebook

그들만의 명쾌한 소통의 실행력

인간관계를 매끄럽게 하기 위해서는 소통이 자연스러워야 한다. 소통에 문제가 있거나 단절되면 인간관계 또한 단절되고 만다. 이는 무엇을 말하는가? 인간관계에서 소통이 매우 중요함을 말한다.

인간관계에 미치는 소통의 영향은 실로 막중하다. 소통에 따라 자신이 원하는 인생을 살기도 하고 원치 않는 인생을 살기도 하기 때문이다. 인류 역사상 각 분야에서 자신의 이름을 남긴 사람들은 대개 소통의 대가들이었음을 알 수 있다. 자신의 창조적 재능이나 능력이 아무리 뛰어나다고 해도 소통 능력이 부족하면 재능을 펼치는 데 한계가 있다.

왜 그럴까? 이 세상의 모든 일들은 인간을 중심으로 하고, 그것을 바탕으로 하기 때문이다. 다시 말해 인간의 중심에서 벗어나면 아무것도 제대로 해나갈 수가 없다. 모든 것의 시작은 인간이 그 중심에 있고, 모든 것의 마침 또한 인간에 의해 완결된다.

소통의 중요성은 바로 여기에 있다. 소통이 잘 이뤄지면 자신이 하는 일을 보다 신속하게 펼쳐 보일 수 있음은 물론 사람들의 관심을 집중시킴으로써 부족한 부분을 채울 수 있고, 그들의 도움 또한 받을 수 있다. 사람들은 누구나 자신에게 잘하는 사람에게 자신도 잘해주고 싶어 한다. 이것이 바로 소통을 잘해야 하는 이유이자 목적이다.

그런데 소통이 막힌다면 어떻게 될까? 그것은 불을 보듯 뻔하다. 사람들의 관심을 받지 못함은 물론 도움을 받기란 더더욱 불가하다. 그러니 어떻게 잘 될 수 있을까? 안 되는 것은 당연지사다. 바로 이런 이유에서 소통의 중요성이 부각되는 것이다.

인간관계를 잘 맺기 위해서는 자신이 원하는 상대가 자신에게 관심을 갖게 해야 한다. 그러기 위해서는 상대의 마음이 자신에게 집중되도록 해야 한다.

"성공의 비결이 있다면 그것은 남의 입장에 설 줄 아는 지혜이다. 그리고 자신의 입장처럼 남의 입장을 이해한 다음 매사를 객관적으로 처리하는 것이다."

이 말은 포드 자동차 창업주인 헨리 포드가 한 말로 상대의 마음을 사는 가장 현실적이고 실체적인 말이라고 할 수 있다. 상대의 입장에서 생각하고 말하고 행동을 한다면 상대의 입장에서는 매우 기분 좋은 일이다. 마치 자신이 상대로부터 존중받는다는 기분이 드는 것은 물론 자신이 상대에게 필요한 사람처럼 생각하게 된다. 그러니까 자신은 매우 중요한 사람이라고 스스로 생각하게 된다. 이는 생각하는 것만으로도 기분 좋고 자신이 잘난 사람처럼 생각된다. 이런 생각에 젖다 보면 자신 또한 자신을 기분 좋게 해준 사람에 대해 관심을 기울이게 되고 그가 원하는 것을 돕고 싶은 마음이 발동하게 된다. 그리고 그와 지속적인 교류를 통해 인간관계를 맺기 바란다.

삶은 어느 것도 거저 되는 것이 없다. 내가 잘되기 위해서는 그만한 대가를 치러야 하고, 그만한 노력을 기울여야 한다.

이 책은 진정성의 대명사로 불리는 에이브러햄 링컨, 인간경영의 탁월한 동기부여가인 데일 카네기, 자신이 태어나기 전과 다른 세상을 만든 애플의 창업주 스티브 잡스, 베풂과 나눔을 통해 인간의 참사랑을 실천한 앤드류 카네기, 의리와 신념으로 조국의 자주독립을 위해 평생을 헌신한 김구, 겸손과 온유함으로 뜨거운 인간 사랑을 실천한 레프 톨스토이를 비롯한 다양한 분야의 대표적인 인물 등 역사적으로 검증된 사람을 중심으로 하여 그들이 성공적인 인생이 될 수 있었던 비결을 소통의 관점에서 각 사람의 소통의 특성에 맞게 비교 분석한 책이다. 소통에 어려움을 겪거나 인간관계 개선을 통해 새로운 인생을 추구하거나 인생을 가치 있게 살기를 희망하는 사람들이 읽으면, 성공한 이들의 소통 비법을 배워 자신이 추구하는 인생을 살아가는 데 도움이 되리라 생각한다.

한 가지 분명한 것은 소통에도 품격이 있다는 것이다. 품격 있는 소통을 하느냐 그렇지 않느냐는 많은 차이가 있다. 이 책에 소개한 인물들은 품격 있는 소통을 함으로써 자신의 인생을 가치 있게 살았다.

가치 있는 인생은 가치 있는 삶을 통해 이뤄진다. 그리고 그 과정에는 가치 있고 품격 있는 소통이 있었다. 이 책은 그것을 가장 분명하고 확실하게 전해줄 것을 확신한다. 이 책을 대하는 모든 분들이 품격 있는 소통을 통해, 가치 있는 인생이 되어 행복한 삶을 살아가길 소망한다.

김옥림

CONTENTS

함부로 내뱉은 말은 상대방의 가슴속에
수십년 동안 화살처럼 꽂혀있다

_롱펠로우

01

진정성의 소통

: 에이브러햄 링컨

에이브러햄 링컨 Abraham Lincoln, 1809~1865

미국 제16대 대통령이며 변호사였다. 가난한 집안 형편으로 정규 교육을 받지 못하고 독학으로 공부했다. 사업을 했으나 실패를 했으며, 주의회 의원, 선거인단, 하원의원, 상원의원, 부통령 선거 등에도 연속적으로 떨어져 누구보다도 많은 실패를 경험했다. 그러나 끝까지 포기하지 않는 노력과 열정으로 공화당 대통령 후보로 선출되어 제16대 대통령에 당선되었으며, 남북전쟁을 승리로 이끌며 노예제도를 폐지했다. 게티즈버그 연설을 통해 자유민주주의의 가장 이상적인 발판을 마련했고 뛰어난 인품으로 미국 국민의 존경을 한 몸에 받은 가장 성공한 대통령, 가장 위대한 대통령으로 평가받고 있다.

| 진정성의 대명사 영원한 젠틀맨 |

영원한 민주주의의 아버지, 위대한 정치가, 위대한 영웅으로 불리는 에이브러햄 링컨은 미국 국민의 영원한 대통령이자 영원한 젠틀맨이다. 그는 인간이 지녀야 할 가장 이상적인 품격을 지닌 사람으로서 조금도 손색이 없다. 그렇다고 해서 결점이 없는 완벽한 사람이라는 것은 아니다. 아무리 뛰어난 인품을 지닌 사람도 그 사람만의 결점은 있기 마련이다.

링컨 역시 결점을 지닌 사람이었다. 그는 수많은 실패를 한 사람으로도 유명하다. 실패는 그의 인생에서 그를 가장 힘들게 했지만,

한편으로는 그를 가장 강하게 만든 요인이기도 했다. 특히, 그는 상대를 비판하기 좋아했다. 자신의 생각과 다르다고 생각하면 그가 누구든 가리지 않고 비판을 가했다. 그로 인해 사람들로부터 손가락질을 받기도 하고, 비판을 가한 상대로부터 결투를 요청받음으로써 죽음의 위기를 맞기도 했다. 그러나 결투의 증인이었던 사람의 중재로 가까스로 죽음의 위기로부터 벗어날 수 있었다. 링컨은 그 일을 계기로 비판이 인간관계에서 얼마나 무익한 일이며 상대에 대한 모독인지를 뼛속 깊이 느꼈다.

그 후 링컨은 자신의 결점을 고치고 칭찬과 격려함으로써 사람들로부터 존경받는 인물로 완전히 탈바꿈했다. 그가 변하자 그의 주변에는 많은 사람들이 몰려들었다.

링컨은 주의회 의원, 선거인단, 하원의원, 상원의원, 부통령 선거 등 수많은 정치적인 실패를 극복하고 불리한 여건에서도 공화당 대통령 후보로 지명되었으며, 미국 제16대 대통령 선거에서 대통령에 당선되었다. 노예제도 문제에 불만을 가진 남부 사람들의 반발로 남북전쟁이 발발하여 시련을 겪기도 했지만, 그는 전쟁을 승리로 이끌어냈으며 1863년 자신의 정치적 신념인 노예해방을 선언함으로써 노예제도를 폐지했다.

특히, 남북전쟁 당시 펜실베이니아 주 게티즈버그에서 한 연설은 미국 역사상 가장 위대한 연설문으로 손꼽힌다.

"국민의, 국민에 의한, 국민을 위한 정부the government of the people, by the people, for the people"라는 이 말은 300단어가 채 안 되는 2~3분짜리 연설문의 핵심 포인트이다. 이 문구는 자유, 평등, 민주주의 정신을 가장 명쾌하고 가장 극명하게 보여주는 것으로 평가받는다.

링컨은 1864년의 대통령 선거에서 다시 대통령에 재선되었다. 하지만 링컨은 1865년 4월 14일 〈우리 미국인 사촌〉이란 연극을 관람하던 중 노예제도 폐지에 불만을 품은 남부 지지자였던 존 윌크스 부스에 의해 암살당하는 비운을 맞고 말았다.

링컨은 사랑하는 아이들의 죽음과 사랑하는 여인의 죽음 등으로 인한 충격으로 평생을 우울증에 시달리면서도 강인한 의지와 신념으로 극복하면서 민주주의를 위해, 가장 이상적인 국민들의 삶을 위해 최선을 다한 가장 위대한 대통령으로 평가받고 있다.

그는 그 어떤 사람을 만나든 인격적으로 대했으며, 지극히 작은 일에도 관심을 갖고 대해줌으로써 가장 인간적인 대통령, 가장 품격을 지닌 대통령으로 미국 국민들의 가슴에 영원히 살아있다.

한마디로 그는 진정성의 대명사이자 영원한 젠틀맨이다.

| 링컨의 소통 비법 특징적 요소 |

링컨은 품격 있는 인격자로서 사람들과의 소통을 매우 중요시했다. 그에게 있어 가장 중요한 소통의 핵심은 '진정성'이다. 진정성의 사전적 의미는 '진실하고 참된 마음'으로 정직하고 거짓이 없는 말과 행위를 의미한다. 진정성은 그 어떤 사람에게도 통하는 가장 인간다운 마음이자 반드시 지켜야 할 삶의 규범과도 같은 것이다. 진정성이 있는 사람에겐 몇 가지 공통점이 있다.

첫째, 매사에 정직하고 거짓이 없다. 둘째, 진실한 말과 행동을 함으로써 사람들에게 믿음과 신뢰를 준다. 셋째, 자신이 불리한 입장에도 진실을 피하지 않는다. 넷째, 책임감이 강해 자신이 맡은 일은 어떤 상황에서도 최선을 다한다. 다섯째, 예의가 바르고 함부로 말하지 않는다. 여섯째, 언제나 한결같이 변함이 없다. 일곱째, 자신을 이롭게 하기 위해 남을 이용하지 않는다. 한마디로 진정성 있는 사람은 마음이 한결같이 진실하다고 하겠다. 한결같다는 것은 변함이 없음을 뜻하고, 그것은 곧 진실함을 의미하기 때문이다.

공자도《논어》의 〈술이述而〉편에서 '마음이 한결같은 사람을 만나고 싶다'고 했다.

진정성이 있는 사람은 '진실'이란 울타리를 벗어나지 않는다. 진실의 울타리를 벗어나는 순간 더는 진정성 있는 사람으로서의 가치를 상실하게 된다. 진정성을 지켜 행하는 사람은 어디를 가든 사람들과 좋은 관계를 유지하지만, 진정성을 상실한 사람은 주홍글씨처럼 어디를 가든 사람들로부터 외면을 받는다.

이렇듯 진정성은 인간관계에 있어 가장 중요한 '소통의 요소'라할 수 있는데 진정성이 있으면 인간관계에 막힘이 없지만, 진정성이 없으면 인간관계가 막히게 된다. 링컨의 소통의 특징을 분석하면 크게 세 가지로 정리할 수 있다.

첫째, 작은 일에도 관심을 가져주었다

작은 일에도 관심을 가져주는 사람은 그리 흔하지 않다. 작은 일은 눈에 잘 띄지 않을뿐더러 작다는 이유로 보잘것없는 것이고, 그런 일쯤은 대수롭지 않게 여겨 관심을 끌지 못하기 때문이다. 그런데 아이러니하게도 사람들은 작은 일에 관심을 가져주는 사람을 좋아하고 그를 고매한 인격자처럼 종종 이야기를 하곤 한다. 왜 그럴까? 작은 일에 관심을 가져주는 사람이야말로 매사를 진정성 있게 대한다고 믿는 까닭이다.

데일 카네기는 "부부관계나 인간관계에서 행복한 삶을 유지하고 싶다면 사소한 일에도 관심을 가져야 한다."고 말했다.

링컨은 상대방이 말한 작고 사소한 일에도 절대 그냥 지나치지 않았다. 그것은 곧 상대에 대한 예의이고 관심의 표명이라고 믿었던 것이다. 이에 대한 링컨의 일화를 보기로 하자.

링컨이 자신의 트레이드 마크인 수염을 기르게 된 데에는 이유가 있다. 링컨이 대통령 선거에서 당선되었을 때였다. 어느 날 뉴욕에 살고 있는 한 소녀가 링킨에게 편지를 보내왔다. 링컨은 비록 소녀가 보낸 편지였지만 외면하지 않고 정성스럽게 읽기 시작했다.

링컨 대통령님께

대통령님, 저는 뉴욕에 살고 있는 소녀 그레이스 베델입니다. 대통령님께 편지를 쓰게 된 것은 대통령님께서 수염을 기르시면, 훨씬 멋지고 인자하게 보일 것 같습니다. 그러니 수염을 기르시는 게 어떨까요?

제가 너무 당돌하다고 생각하지 마시고 꼭 수염을 기르시면 좋겠어요. 수염을 기르신 멋진 모습을 기대할게요.

안녕히 계세요.

그레이스 베델 올림

링컨은 편지를 읽고 나서 빙그레 미소를 지었다. 참 재미있는 소녀의 제안이었던 것이다. 하지만 링컨은 지금 수염을 기르면 사람들이 어리석은 짓이라고 할지도 모른다고 답장을 써서 보냈다. 그리고 얼마 후 소녀로부터 또다시 편지가 왔다. 소녀는 인상이 너무 엄숙해서 그러니 수염을 기르면 누구나 친근감을 느낄 거라고 재차 말했다. 또 자신의 친구들도 수염을 기르기를 바란다고 덧붙였다. 편지를 읽고 난 링컨은 빙그레 미소 지으며 고개를 끄덕이며 중얼거렸다.

"그럼, 어디 한번 수염을 길러 볼까?"

그는 수염을 기르기 시작했다. 링컨은 수염이 자라는 모습을 보며 새로운 자신의 모습에 만족해했다. 소녀의 말처럼 자신이 보기에도 인상이 훨씬 자연스럽고 넉넉해 보였던 것이다.

어느 날 링컨은 워싱턴으로 가기 위해 뉴욕을 지나고 있었다. 그런데 그때 링컨은 기차를 멈추게 했다. 그리고 밖으로 나왔다. 그러자 많은 시민들이 링컨을 보기 위해 몰려들었다.

"혹시 여기 그레이스 베델이란 소녀가 있습니까?"

링컨은 사람들을 향해 말했다. 그때 한 소녀가 손을 들고 말했다.

"제가 그레이스 베델입니다!"

"아, 그래요. 소녀가 그레이스 베델이군요."

"네, 대통령님!"

"그레이스 말대로 수염을 길렀는데 어때요? 괜찮아요?"

링컨은 수염을 쓰다듬으며 말했다.

"네, 아주 멋지세요!"

그레이스 베델은 자신의 제안을 들어준 링컨이 너무 고마워 감격에 젖은 목소리로 말했다.

"그래요. 정말 고마워요. 나를 멋지게 만들어줘서."

링컨이 수염을 기르게 된 사연을 알게 된 시민들은 그의 넓은 마음에 감동했다.

"링컨은 정말 깨어 있는 사람이야. 소녀의 제안을 들어주다니."

"그러게 말이야. 마음이 열려 있는 멋진 대통령이야."

"소녀의 말에도 저처럼 관심을 가져주다니, 역시 링컨다워."

링컨은 시민들의 칭송을 들으며 활짝 웃는 얼굴로 기차에 올랐다. 베델과 시민들은 떠나가는 열차를 향해 안 보일 때까지 손을 흔들어 주었다.

이 이야기는 링컨의 사람 됨됨이를 잘 알게 해준다. 수염을 기르면 좋겠다는 소녀의 말조차 귀담아 들어주었다는 것은 그가 작은 일도 놓치지 않고 관심을 가져주었다는 것이다. 이런 대통령을 존경하지 않을 국민이 어디 있을까. 그가 국민들로부터 존경받는 것은 당연하다.

💬 작은 일에 관심을 갖기 위한 3가지

● 상대의 작은 부탁도 처음부터 거절하지 말고, 가급적이면 들어주도록 하라. 만일 들어줄 수 없을 때는 정중하게 그 사유에 대해 말해주면 상대는 충분히 이해함으로써 좋게 생각할 것이다.

● 당신이 관심을 두고 있는 사람의 일거수일투족을 잘 살펴보라. 당신의 도움이 필요한지를. 그리고 도움이 필요하다는 생각이 들면 지체하지 말고 도움을 주어라. 상대는 자신에게 관심을 주었다는 것만으로도 당신과 좋은 관계를 유지하고 싶어한다.

● 작은 일이 보잘것없다고 생각하지 말아야 한다. 작은 일에 세심함을 기울이는 사람이야말로 진솔한 사람이라는 인식을 심어주게 된다. 이런 사람을 싫어할 사람은 어디에도 없다.

만일 당신이 사람들과의 소통에 있어 당신의 좋은 면을 부각시키고 싶다면 작은 일을 절대 등한시해서는 안 된다. 작은 일에도 관심을 가져주어야 한다. 당신의 입장에서 한번 생각해보라. 당신조차 미처 생각지도 못한 일을 상대방이 관심을 갖고 처리해 주거나 해결해주었을 때 어떤 생각이 드는지를 말이다. 고마운 마음을 넘어 그와 좋은 관계를 유지하고 싶은 마음이 들 것이다. 사람은 누구나 자신에게 관심을 가져주는 사람에게 마음이 가는 법이다. 그리고 자신 또한 그 사람에게 마음을 써주게 된다. 이에 대한 이야기다.

몹시 추운 어느 겨울 날 미국 U.S 철강회사 사장인 찰스 스왑이 탄 차가 펜실베이니아 주에 있는 철강 제조회사에 멈추어 섰다. 스왑이 차에서 내리자 어떤 젊은이가 숨을 헐떡이며 다가와 자신은 속기사인데 쓸 편지나 보낼 전보가 있는지 해서 왔다고 말했다. 스왑이 말했다.

"누가 나에게 가보라고 했습니까?"

"아닙니다. 사장님이 도착했다는 전보를 받고, 혹시 제가 도와드릴 일이 있나 해서 온 것입니다."

젊은이는 자신이 온 이유에 대해 말했다. 스왑이 그에게 고마움을 표했으며, 지금 당장은 속기를 할 일이 없으니 일이 있으면 연락하겠다고 말하며 돌려보냈다. 볼일을 마치고 돌아가는 스왑 옆에는 속기사가 함께했다. 스왑은 그를 자신의 보좌관으로 삼았으며, 훗날 그 속기사는 승진을 거듭한 끝에 U.S 철강회사 계열 제약회사의 대주주이자 사장이 되었다. 그의 이름은 윌리엄스다.

이 이야기는 상대에 대한 작은 관심이 미치는 영향이 얼마나 막대한지를 잘 알게 한다. 속기사는 누가 시키지 않았는데도 자발적으로 스왑을 돕기 위해 찾아왔다. 그런 그의 행동은 스왑에게 자신의 맡은 일에 책임감이 강하다는 인식을 깊이 심어주었고, 작은 관심의 결과는 엄청난 보상이 주어졌다. 스왑은 속기사의 그런 정신을 높이 샀고, 그런 마음을 지닌 사람이라면 그 어떤 일을 맡겨도 잘 해낼 거라는 확신을 갖고는 속기사를 등용했고, 그는 인생의 승리자가 되었던 것이다.

이 일화에서 보듯 작은 관심으로 인해 인생이 변한 사람들이 많다. 이를 보더라도 상대에 대한 작은 관심은 매우 긍정적인 결과를 낳게 한다는 것을 잘 알 수 있다.

링컨이 성공한 대통령으로 지금도 미국 국민들로부터 가장 위대한 대통령으로 존경받고 평가받는 것은 상대에 대한 작은 일에도 관심을 갖고 대해줌으로써 감동을 주는 삶을 실천했기 때문이다. 당신이 상대의 작은 일에도 관심을 갖고 대한다면 링컨과 윌리엄스가 그랬듯이 당신 또한 삶을 새롭게 변화시킬 계기를 맞게 될 것이다.

둘째, 상대의 이야기를 잘 들어주었다

사람들은 이야기를 하는 과정에서 상대의 이야기를 듣기보다는 자신이 더 많은 이야기를 하려는 경향이 있다. 자신이 상대보다 이야기를 적게 하면 마치 주도권을 상대에게 빼앗기는 것처럼 여기는 것 같다. 하지만 이는 대단히 잘못된 생각이 아닐 수 없다.

그렇다면 왜 이런 생각을 하는 걸까? 이유는 간단하다. 사람들은 대개 상대보다 말을 많이 해야만 말을 잘하는 것으로 알기 때문이다. 하지만 정말 말을 잘하는 사람은 자신이 꼭 해야 하는 말은 하되 대체로 상대의 얘기를 잘 들어준다.

왜 그럴까? 말을 잘하는 '사람은 사람들은 누구나 자신의 얘기를 잘 들어주는 사람에게 관심이 많을 뿐만 아니라 그를 좋아한다'는 걸 잘 알기 때문이다. 사실 남의 말을 잘 들어주는 사람은 이해심이 많고 상대를 배려하는 마음이 좋다. 그러니까 이런 사람을 좋아하지 않을 이유가 없는 것이다. 경청이 인간관계에 미치는 긍정적인 영향에 대해 유명한 미국의 대중심리학자인 조이스 브러더스는 다음과 같이 말했다.

"가장 충실한 아부는 무조건 따라하는 것이 아니라 상대방의 말을 경청하는 것이다."

조이스 브러더스의 말에서 보듯 경청이 인간관계에서 얼마나 중요한지를 단적으로 알 수 있다.

"입보다는 귀를 높은 자리에 두어라."

이는《탈무드》에 나오는 말로 이 또한 말을 많이 하기보다는 상대방의 말을 잘 들어주라는 말이다. 앞에서 잠시 언급했듯이 남의 말을 잘 들어준다는 것은 말을 유창하게 잘하는 것보다 더 효과적이다.

링컨은 남의 얘기를 잘 들어준 것으로도 유명하다. 그는 참모들은 물론 주변 사람들의 이야기도 허투루 듣는 법이 없었다. 상대가

신이 나서 말하게 하거나 속상한 일이 있는 사람들은 상한 마음을 풀수 있도록 최대한 집중해서 들어주었다. 이에 대한 이야기를 보자.

링컨이 대통령 시절에 있었던 일이다. 어느 날 국방장관인 율리시스 심프슨 그랜트가 편지를 들고 링컨을 찾아왔다. 무슨 일인지 그의 얼굴은 잔뜩 화가 나 있었다.

"대통령님, 마침 계셨군요."

"어서 오시게. 무슨 일이 있는가?"

링컨은 그의 표정을 읽고 넌지시 물었다.

"아, 글쎄, 뒤에서 저를 비난해댄 장군이 있는데, 그 사람에게 경고를 하기 위해 편지를 썼습니다."

그랜트는 얼마나 화가 났는지 발개진 얼굴로 말했다. 링컨은 그의 모습에서 화가 단단히 났다는 것을 알 수 있었다.

"그런 일이 있었구먼. 한번 편지를 읽어 보게나. 나도 좀 들어보게."

링컨의 말에 그랜트는 기다렸다는 듯이 편지를 읽어 내려갔다. 편지에는 장군에 대한 분노에 찬 욕설과 육두문자가 가득했다. 링컨은 그랜트가 편지를 읽을 때 중간중간 맞장구를 쳐주었다. 그랜트가 편지를 다 읽고 나자 링컨이 말했다.

"괘씸한 놈. 장군이 상관인 장관에게 고약하게 굴다니."

자신을 편드는 링컨의 말에 그랜트는 의기양양했다. 그랜트는 편지를 봉투에 집어넣었다.

"여보게, 편지는 어떻게 하려고 그러는가?"

"보내서 따끔하게 경고해야지요."

그랜트 말에 링컨이 빙그레 웃으며 말했다.

"자네가 지금 편지를 읽으면서 분풀이를 하지 않았는가. 그 장군
은 자네의 관대함에 다시는 함부로 굴지 않을 걸세. 그러니 그 편지
는 저 난로에 집어넣는 게 좋지 않겠나?"

링컨의 말에 그랜트는 화난 얼굴을 풀고 편지를 난로에 집어넣
었다.

여기서 링컨의 따뜻한 인간미를 느낄 수 있다. 화가 난 그랜트의
말을 듣고 그가 쓴 편지를 읽게 함으로써 그리고 그를 편듦으로써
화난 그의 마음을 풀어주었던 것이다. 그리고 편지를 보냄으로써
장군과의 생길 수 있는 불편한 관계를 막음으로써 국방장관과 장
군이 각자의 임무에 충실할 수 있도록 했음을 알 수 있다. 만일 링
컨이 그랜트를 비난한 장군을 엄중히 경고한다든지, 아니면 그랜트
가 편지를 보내게 했다면 장군을 잃을 수도 있었다. 한 사람의 군인
을 장군으로 길러내기 위해서는 막대한 비용과 시간이 필요하다.
이는 국가로서는 대단한 손실이 아닐 수 없다. 링컨은 이를 잘 알았
던 것이다. 링컨은 그랜트를 매우 신뢰했다. 그랜트 또한 링컨을 존
경하고 그에게 충성을 다한 장군 출신의 국방장관이다. 그랜트는

훗날 미국의 제18대 대통령이 되었다.

그가 대통령이 되는 데는 링컨의 영향이 막대했다. 그의 결점을 잘 살펴준 링컨의 인간성은 그에게 훌륭한 가르침이 되었음은 두 말할 나위가 없기 때문이다.

💬 상대의 이야기를 잘 들어주는 3가지

- 상대에게 원하는 것을 얻어내기 위해서는 절대로 상대보다 말을 많이 해서는 안 된다. 상대가 더 많은 말을 하도록 배려하라.
- 상대가 말을 할 때는 상대의 눈을 쳐다보고 내가 당신의 말에 관심이 많다는 것을 보여주어라. 그러면 상대는 기분 좋은 표정으로 자신의 마음속 얘기까지 다 털어놓는다.
- 상대가 말을 할 때 중간중간 추임새를 넣듯 맞장구를 쳐주어라. 상대는 당신을 예의가 바른 사람이라 여겨 당신이 원하는 것을 얻는 데 기꺼이 도움이 되어 줄 것이다. 왜 그럴까? 당신을 진정성이 있는 사람이라고 생각할 것이기 때문이다.

말을 많이 하다 보면 쓸 말도 많지만 그 반면에 말실수로 인해 화를 입게 되는 경우를 종종 볼 수 있다. 지금 우리 사회에는 자신이 잘못한 말로 인해 스스로 비판의 불구덩이 속으로 뛰어드는 어처구니없는 사람들로 인해 연일 어수선하다. 특히 정치인들이나 사회

지도층이라고 자처하는 이들 중에는 유독 스스로 저지른 설화舌禍로 인해 국민들로부터 조롱을 받고 비판받는 경우가 많다.

"말이 많으면 쓸 말은 상대적으로 적은 법이다."

춘추전국시대의 학자이자 사상가인 묵자墨子가 한 말로 말을 많이 하는 것은 결코 좋은 일이 아니라는 것을 잘 알게 한다. 옳은 지적이다. 필요한 말만 하되 딱 부러지게 명확히 하면 된다.

당신은 어떤가? 스스로 생각하기에 말을 잘하는 편이라고 생각하는가, 아니면 말을 잘 못하는 편이라고 생각하는가. 또한 남의 말을 잘 들어주는 편인가, 아니면 자신이 더 많이 말을 하는 편인가. 이는 누구보다도 당신이 잘 알 것이다.

당신이 상대에게 좋은 이미지를 심어주고 당신이 원하는 것은 얻기 위해서는 말을 많이 하지 말고, 링컨이 그랬듯이 상대가 더 많은 말을 할 수 있도록 배려하라. 또한 집중력을 가지고 상대의 말을 끝까지 들어주는 센스 있는 당신이 되어라.

셋째, 솔선수범함으로써 모범을 보였다

사람들과 함께 하는 자리나 모임에서 남들이 잘 안 하는 일을 하거나 앞장서서 궂은일을 하게 되면 사람들은 그 사람을 달리 보게 된다. 남을 배려할 줄 알고, 인간성이 좋은 사람이라고 생각하기 때문이다. 그런데 이리저리 빼거나 자리를 비우거나 한다면 어떻게 될까? 사람들은 그 사람을 야비하고 졸렬한 사람이라고 여겨, 그와는 그 어떤 것도 함께 하려고 하지 않을 것이다.

왜일까? 그런 사람을 알고 지내봐야 별 도움도 되지 않을 뿐만 아니라 자칫 손해를 끼칠 사람이라고 여길 게 빤하기 때문이다. 생각해보라. 당신이라면 그런 사람을 좋아하겠는가. 당신 또한 고개를 좌우로 흔들어댈 것이다. 솔선수범이라는 것은 하기는 쉽지 않아도 그 효과는 매우 크다. 앞장서서 한다는 것은 남에게 좋은 이미지를 심어주기 때문이다.

"솔선수범하여 먼저 일하는 수고를 마다하지 말아야 한다는 것이 지도자의 갖출 요건이다."

이는 《논어》의 〈자로子路〉편에 나오는 말로 공자의 제자인 자로子路가 정치에 대해 질문했을 때 공자가 일러 한 말이다. 특히 솔선수범은 리더들이 갖춰야 할 가장 기본적이면서 가장 중요한 미덕이다. 물론 보통 사람들도 갖출 수 있다면 삶을 살아가는 데 훨씬 수월하다. 왜 그럴까? 대개의 사람들은 자신은 그렇게 하지 못하면서도 그렇게 실행하는 사람을 미더워하고 좋아한다. 그런 사람과 함께 하면 자신에게 도움이 될 거라고 믿기 때문이다.

링컨은 대통령이라는 신분과는 달리 검소하고 겸허했으며, 사람들 위에 군림하려고 하지 않았다. 언제나 낮은 자세로 참모들이나 사람들과 함께 함으로써 사람들로부터 존경을 한 몸에 받았다. 링컨의 소탈함과 검소함 그리고 겸허한 자세를 잘 알게 하는 이야기다.

링컨은 손수 구두를 닦아 신은 것으로 유명하다. 어느 날 링컨이 앉아서 구두를 닦고 있었디. 그때 마침 참모가 그 모습을 보게 되었다. 참모는 주저 없이 말했다.

"대통령님, 대통령으로서 구두를 손수 닦으시는 모습을 사람들이 보게 되면, 좋지 않게 말할 것입니다."

"그래? 왜 그렇게 말할 거라고 생각하는가?"

"대통령님의 신분에 맞지 않는 행동이기 때문입니다."

가뜩이나 링컨을 시골 촌뜨기라고 비난하는 사람들이 있는데 그런 그의 모습이 알려지면 시골뜨기는 역시 시골뜨기라는 비난을 받을까 우려되었기 때문이다. 참모의 말에 링컨은 엷게 웃으며 말했다.

"이 사람아, 내 구두를 내가 닦아 신는 게 뭐 어떤가? 대통령이라고 해서 구두를 닦아 신지 못할 이유는 없지. 안 그런가?"

참모는 소박하고 겸허한 링컨의 말과 행동에 깊은 감동을 받고, 더욱 그를 존경했다.

이 이야기는 많은 것을 생각하게 한다. 링컨의 이런 행동은 아무나 할 수 없는 행동이다. 특히 사회적 신분이 있는 사람들은 더더욱 그러하다. 마음이 알차지 못하고 속이 빈 사람들은 자신의 신분을 내세워 군림하려고 든다. 일부 몰지각한 국회의원은 보좌관의 임금을 깎아 챙긴 돈을 사적으로 쓰는가 하면, 어디를 가든 대접받기를 원한다. 이처럼 썩어빠진 사람들은 자신을 과신하려고만 하지 국민과 국가를 위해 자신을 솔선수범한다는 것은 서쪽에서 해가 뜨는 것처럼 어렵다. 아니, 불가능하다.

왜 그럴까? 인격 자체가 그렇게 돼먹었기 때문이다. 만일 이런 사람이 당신에게 대접받고 군림하려고 든다면 당신은 어떻게 할 것인가? 아마 당신은 어처구니가 없어 한 대 패주고 싶은 마음이 들 것이다.

💬 솔선수범함으로써 모범을 보이는 3가지

- 당신의 좋은 이미지를 사람들에게 심어주고 싶다면 때와 장소를 가리지 말고 앞장서서 해보라. 사람들은 그런 당신을 달리 생각하게 될 것이다.

- 궂은일이나 힘든 일 앞에 망설이지 말고 먼저 나서라. 궂은일이나 힘든 일은 누구나 회피하는 경향이 있다. 그래서 사람들은 이런 사람에게 좋은 점수를 준다. 반드시 필요한 사람이라고 믿기 때문이다.

● 솔선수범도 습관에서 온다. 습관이 들면 자동반사적으로 몸이 먼저 움직인다. 습관이 들도록 누구의 눈치도 보지 말고 아무렇지도 않게 행하라. 그것은 오직 당신을 위한 투자와도 같은 생산적인 일이 되어 줄 것이다.

'솔선수범함으로써 모범을 보이는 3가지'에서 제시한 것처럼 당신이 누군가에게 좋은 인상을 심어주고 싶다면 때와 장소를 가리지 말고 당신이 먼저 앞장서서 해보라. 사람들은 그런 당신을 달리 생각하게 될 것이다. 물론 그런 행동이 무엇을 얻기 위한 전략적인 수단이라면 이는 대단히 유감스러운 일이므로 삼가는 것이 좋다. 의도가 깔린 행동은 그 어떤 것이라 할지라도 꼬리가 밟히는 법이다. 그렇게 되면 되레 당신을 밀리하게 될 것이다. 자신에게 피해가 올 거라고 확신하기 때문이다.

링컨의 삶은 한마디로 삶의 교과서와도 같다. 그에게는 남을 비판하는 치명적인 약점과 연속된 실패에 따른 부정적인 이미지가 있었지만, 그는 잘못된 행동을 고침으로써 완전히 거듭났다. 그리고 실패의 단련으로 더욱 견고한 사람이 되었던 것이다.

당신 또한 당신의 인생 앞에 거듭남으로써 인생을 멋지게 승화시키는 생산적이고 창조적인 삶을 살자!

작은 일에 관심을 갖는다는 것은 쉽지 않다. 작은 일은 보잘것 없다고 생각하기 때문이다. 그런데 이는 잘못된 생각이다. 작은 일에 관심을 갖는 사람이 상대에게 감동을 주는 법이다. 링컨은 작은 일에도 관심을 가짐으로써 사람들에게 좋은 이미지를 심어주었다.

사람은 누구나 자신의 얘기를 잘 들어주는 사람을 좋아한다. 그 사람은 배려심이 좋다고 생각하기 때문이다. 링컨은 상대가 누구든 상대의 이야기를 잘 들어주었다.

솔선수범하는 사람은 사람들에게 좋은 이미지를 준다. 책임 감이 강하고 성실하다고 생각하기 때문이다. 링컨은 매사에 솔선수범함으로써 모범을 보인 것으로 유명하다.

02

인간경영의 소통

: 데일 카네기

데일 카네기 Dale Breckenridge Carnegie, 1888~1955

미국 출생으로 위런스버그 주립 사범대학을 졸업하고 네브레스카에서 교사로 아이들을 가르쳤다. 그러나 새로운 꿈의 도전을 위해 교사를 그만둔 뒤 '인간경영과 자기계발'을 위한 콘텐츠를 짜고, 거기에 맞는 라이프 텍스트Life Text를 직접 연구 계발하여 자기만의 철학과 사상이 담긴 처세술 전략을 완성했다. 그 후 강의를 통해 널리 이름을 알리며 자기계발 전문가이자 강연자로 성공했다.

《카네기 연구소》를 설립했으며 대표적인 저서로 명저 《카네기 처세술》, 《카네기 성공철학》외 다수가 있다. 그는 인간의 삶을 긍정적이고 능동적으로 변화시키는 탁월한 라이프 티처Life Teacher로 기억되고 있다.

| 인간관계의 고수 소통의 라이프 티처Life Teacher |

데일 카네기는 워런스버그 주립 사범대학을 졸업하고 네브래스카에서 교사로 아이들을 가르쳤다. 하지만 그는 어느 날 교사를 그만두었다. 교사를 그만둔 이유는 더 늦기 전에 새로운 일에 도전을 해보고 싶었기 때문이다. 가르치는 일도 보람있었지만 그보다는 좀 더 많은 사람들에게 의미 있고 역동적이며, 창의력 넘치는 일을 해보고 싶었던 것이다.

그는 소설가를 꿈꾸며 2년 동안 열심히 작품을 썼으나 출판사로부터 작가의 가능성이 없다는 말을 듣고 작가의 길을 포기했다. 그러고 나서 그는 내가 지금 무엇을 해야 가장 잘할 수 있을지에 대해 생각했다. 그리고 자기만의 강의를 짜고, 거기에 맞는 라이프 텍스트Life Text를 직접 연구·계발하는 데 몰입했다. 그리고 마침내 자기만의 철학과 사상이 담긴 자기계발 및 인간관계 향상을 위한 처세술 전략을 완성했다.

카네기는 자기의 생각을 사람들에게 전하기 위한 가장 좋은 방법으로 대학에서 특강을 계획하고 대학의 문을 두드렸지만, 그의 말을 들은 대학 담당자는 허락할 수가 없다고 했다. 그 이유는 간단했다. 무엇 하나 뚜렷한 결과물이 없어 안 된다는 것이다. 그는 포기하지 않고 여러 대학에 문을 두드렸지만 결과는 역시 똑같았다. 평범하고 보잘것없는 그에게 강단을 제공하겠다는 대학은 어디에도 없었던 것이다. 하지만 그는 실망하지 않고 대안을 찾은 끝에 YMCA 측에 성인들을 대상으로 강의할 것을 제안 받았다. 그의 조건은 수강생 수에 따라 수강료를 나누는 것이었다. 이에 손해 볼 게 없는 YMCA 측에서는 그의 제안을 받아들였다. 마침내 그는 자신의 꿈의 프로젝트인 '인간관계를 위한 대화와 스피치'에 대한 강의를 시작했다.

자신의 삶이 새롭게 변화하기를 꿈꾸던 사람들에게 그의 강의는 매우 획기적인 것이었다. 그의 강의를 들은 사람들은 열광했고, 입소문을 타고 확산되었다. 그러자 여기저기서 많은 사람들이 그의 강의를 듣기 위해 몰려왔다. 카네기 자신도 예상하지 못한 놀라운 결과였다. 이에 용기를 얻은 그는 〈카네기 연구소〉를 설립하고 '인간경영과 자기계발' 강좌를 개설했다.

그 후 미국 캐나다를 비롯해 많은 나라에 〈카네기 연구소〉가 설립되었다. 놀라운 결과였다. 그는 자신에게 강의를 듣고 감동한 출판사 사장의 제의로 그동안 강의한 원고를 모아 책으로 출간했다. 이책은 센세이션을 불러일으키며 많은 독자들에게 사랑을 받았으며 초판이 나온 지 78년이 된 지금도 꾸준히 팔리는 베스트셀러 중에 베스트셀러가 되었다. 이 책이 바로 그 유명한《카네기 처세술》이다.

카네기는 자기계발 동기부여가이자 강연자로서 최고의 자리에 오른 입지전적인 인물로 지금도 전 세계인은 그의 책을 통해 새로운 도전을 꿈꾸며 삶의 지표로 삼고 있다. 한마디로 그의 삶을 축약한다면 인간관계의 고수이자 소통의 라이프 티처Life Teacher라고 할 수 있다.

| 데일 카네기의 소통 비법 특징적 요소 |

데일 카네기는 미국의 수많은 자기계발 전문가 중에서도 독보적인 존재로 유명하다. 그가 자기계발 전문가 중에 전문가가 될 수 있었던 것은 미국인들은 물론 전 세계인들에게 인간관계의 중요성을 일깨워 능동적인 삶을 살아가는 데 막대한 영향을 끼쳤기 때문이다. 카네기가 인간관계에 주목하고 인간경영 및 자기계발에 평생을 바친 것은 인간관계가 좋아야 자신의 삶을 성공적으로 이끌어냄은 물론 행복한 삶을 영위할 수 있다고 확신했기 때문이다. 카네기의 이런 생각을 잘 알게 하듯 동서고금을 막론하고 각 분야에서 성공적인 삶을 살았던 사람들은 대개 인간관계가 뛰어났음을 알 수 있다.

카네기의 소통의 핵심은 '긍정'이라고 할 수 있다. 카네기는 인간경영 및 자기계발에 있어 가장 중요한 포인트는 '긍정적인 생각과 행동'이라고 생각했다. 그래서 그는 매사를 긍정적으로 생각하고 긍정적으로 행동했다. 이러한 그의 생각은 사람들과의 소통을 원활하게 함은 물론 그에게 강의를 듣기 위해 많은 사람들이 모여 들었다. 긍정의 힘은 참으로 대단하다는 걸 알 수 있다.

"긍정적인 태도는 강력한 힘을 갖는다. 그 어느 것도 그것을 막을 수 없다."

매들린 랭글이 한 말로 긍정은 불가능도 가능하게 하는 창조적이고 생산적인 마인드이다. 카네기는 만나는 사람 누구에게나 '긍정'을 소통의 매개체로 했으며 이런 그의 생각은 많은 사람들과 교류하게 했다. 그에게 라이프 코치를 받기 위한 사람들로 그의 사무실과 강의실의 문턱은 성할 날이 없었다.

카네기 소통의 특징은 다음 3가지로 규정지을 수 있다.

첫째, 자신을 돕듯 대중의 삶을 도왔다

사람은 그 누구나 자신이 잘되기를 바란다. 자신이 잘된다는 것은 미래가 보장되는 일이자 자신을 행복하게 하는 일이기 때문이다. 그런 연유로 자신이 원하는 일에 최선을 다한다. 이는 결국 스스로 자신을 돕는 일이라고 할 수 있다. 그런데 자신을 돕듯 남을 돕는다고 해보라. 이는 웬만해서는 할 수 없는 일이다. 자신을 사랑하듯 남을 사랑할 수 있을 때에만 가능한 일이다. 그래서 자신을 돕듯 남을 돕는 것처럼 아름답고 행복한 일도 없다. 이에 대해 미국의 시인이자 사상가인 랠프 왈도 에머슨은 다음과 같이 말했다.

"스스로를 돕지 않고는 진정으로 다른 사람을 도와줄 수 없다. 이 사실이야말로 우리의 삶이 주는 가장 아름다운 대가 중 하나다."

에머슨의 말은 의미하는 바가 매우 크다. 자신이 잘되게 스스로를 돕는 것은 자신만을 위하는 것이 아니라 다른 사람들을 돕는 일이라는 것이다. 그러니까 자신도 잘되고 남도 잘될 수 있도록 해야 한다는 말이다.

카네기가 교사를 그만두고 선택한 일은 인간경영 및 자기계발에 대한 연구와 강의였다. 이는 어떻게 보면 카네기 자신의 유익을 위하는 일이지만, 남을 잘되게 돕는 일이기도 한 것이다. 이를 좀 더 부연해서 말하면 카네기가 공부하고 연구하여 얻은 배움의 가치를 다른 사람들에게 전수하여 줌으로써 그들이 잘 살아갈 수 있도록 하는 일인 것이다. 카네기는 다른 사람들이 잘 살아가는 만큼 그 자신도 결국 잘 살아가는 일이 된다고 믿었다. 키네기의 '인간경영 및 자기계발' 강좌에는 연일 많은 사람들이 참석하여 그의 강의를 들었으며, 그의 가르침대로 실천함으로써 자신의 삶을 변화시키는 데 성공했다. 카네기는 사람들에게 배운 것을 실천하라고 누누이 강조했다. 이론적으로는 완벽하다고 해도 실천하지 않으면 그림의 떡과 같이 아무런 의미가 없기 때문이다.

카네기가 자신의 생각을 성공으로 이끌어낼 수 있었던 것은 자신이 공부하고 연구하여 익힌 배움을 철저하게 실천에 옮겼다는 데 있다. 말이야 바른 말이지만 실천하지 않으면 아무것도 할 수 없다. 정말로 중요한 건 내면이 지닌 좋은 조건을 실천으로 옮기는 것이다. 이런 관점에서 볼 때 카네기는 실천 능력이 뛰어났다. 그의 좋은 내면의 조건은 그의 실천 능력을 통해 빛을 발한 것이다.

"우리가 어떤 것을 믿고 있다고 해도 그 믿음을 행동으로 옮기지 않는다면 쓸모없는 것이다."

이는 카네기의 말로 이 말에서 알 수 있듯 행동 즉, 실천이 얼마나 중요한 것인지를 그는 강조한다.

앞에서 말했듯이 카네기는 자신을 돕듯 대중의 삶을 도움으로써 수많은 사람들과 끊임없이 소통했고, 그 자신은 물론 그에게 가르침을 받은 많은 사람들이 새로운 삶을 개척함으로써 자신이 원하는 삶을 살 수 있었다.

💬 자신을 돕듯 남을 돕는 참 좋은 생각 3가지

● 자신만을 위해 사는 사람은 자신만을 위한 삶밖에 살지 못한다. 그러나 자신을 위하고 남을 위한 삶을 살기 위해 노력하는 사람은 자신과 남을 위해 살아감으로써 더 큰 행복과 보람을 느끼게 된다.

● 혼자만 잘된다고 해서 인생이 풍요로워지는 것은 아니다. 혼자만을 위한 삶은 개나 돼지와 같은 삶에 불과하다. 인간이 인간일 수 있는 것은 상생의 기쁨을 알고 사는 데 있다. 세상을 넓고 크게 보는 눈을 길러야 한다.

● 사람들 중엔 나의 것을 남에게 준다는 것이 손해라는 생각을 가진 이들이 있다. 이는 부정적인 생각에 불과하다. 남에게 주는 것은 마이너스가 아니라 플러스라고 생각하라. 남에게 주어 본 사람은 안다. 조건없이 무엇을 준다는 게 받는 것보다 얼마나 마음을 따뜻하게 하는지를. 이것이야말로 진정으로 플러스한 인생인 것이다.

카네기는 남을 잘되게 돕는 일이 마이너스가 아니라 플러스라는 것을 잘 알았던 것이다. 만일 그가 자신이 공부하고 연구하여 배운 삶의 기술을 자신만을 위해 썼다면 어떻게 되었을까. 자신만을 위한 삶은 잘 살았을지는 몰라도 역사에 남는 인물은 결코 되지 못했을 것이다. 그는 사는 동안 끊임없이 자신을 돕듯 남을 돕는 일에 삶의 에너지를 분출시킴으로써 수많은 사람들과 아름답고 유대적인 인간관계를 유지할 수 있었다.

"아름다운 입술을 갖고 싶으면 친절한 말을 하라. 사랑스런 눈을 갖고 싶으면 사람들에게서 좋은 점을 보아라. 날씬한 몸매를 갖고 싶으면 너의 음식을 배고픈 사람과 나누어라. 아름다운 머리카락을 갖고 싶으면 하루에 한 번 어린이가 손가락으로 너의 머리를 쓰다듬게 하라. 아름다운 자세를 갖고 싶다면 결코 너 혼자 걷고 있지 않음을 명심하라. 사람들은 상처로부터 복구되어야 하며, 맑은 것으로부터 새로워져야 하고, 병으로부터 회복되어야 하고, 무지함으로부터 교화되어야 하며, 고통으로부터 구원받고 또 구원받아야 한다. 결코 누구도 버려서는 안 된다. 기억하라. 만약 도움의 손이 필요하다면 너의 팔끝에 있는 손을 이용하면 된다. 네가 더 나이가 들면 손이 두 개라는 걸 발견하게 된다. 한 손은 너 자신을 돕는 손이고, 다른 한 손은 다른 사람을 돕는 손이다."

이는 〈티파니에서 아침을〉, 〈전쟁과 평화〉, 〈로마의 휴일〉 등 수많은 영화에서 열연을 펼치며 세기의 연인으로 사랑받은 오드리

헵번이 한 말로 그녀가 숨을 거두기 일 년 전인 크리스마스 전날 아들에게 당부한 말이다. 타인을 생각하고 자신의 것을 아낌없이 나누는 그녀의 인도주의 정신이 잘 나타나 있다. 그녀는 자신의 말대로 실천적인 삶을 통해 살아생전 사람들과 끊임없이 소통함으로써 최고의 인생을 만들었던 것이다.

만일 당신이 인생을 풍요롭게 살고 싶다면, 당신만을 위한 삶이 아닌 카네기와 헵번이 그랬듯이 남을 돕는 삶을 살아야 한다. 물론 그렇게 하기란 쉽지 않다. 많은 노력이 따라야 하고, 때로는 포기하고 싶을 만큼 힘들 수도 있다. 그러나 그렇게 하지 않으면 결코 풍요로운 인생이 될 수 없다. 자신을 돕듯 남을 도움으로써 사람들과 끊임없이 소통해보자.

둘째, 절대적 긍정으로 자신감을 심어주었다

인간관계에서 '긍정의 소통'이란 매우 중요하다. 긍정적인 생각과 긍정적인 행동은 다른 사람들에게 '긍정의 씨앗'을 심어주는 '삶의 경작'인 것이다. 곡식이 잘 자라 실한 결실을 맺기 위해서는 정성껏 농작물을 가꾸어야 한다. 때맞춰 거름을 주고, 잡초를 뽑아주고, 메마르지 않도록 물을 대주어야 하는 것처럼 알찬 삶을 수확하기 위해서는 긍정적인 삶을 실천에 옮겨야 하는 것이다.

카네기는 매우 긍정적인 사고방식으로 무장한 사람이다. 그에게는 부정적인 생각이 존재할 틈이 없었다. 그의 머리와 가슴에는 온통 긍정의 에너지로 충만했다. 그는 만나는 사람들 누구에게나 또 자신의 강의를 듣는 사람들에게 긍정의 소통을 통해 끊임없이 긍정의 에너지를 심어주었다. 그에게 긍정의 에너지를 받은 사람들은 부정적인 생각을 버리고 매사를 긍정적으로 생각하며 행동했다. 긍정적인 사람들과 소통하면 긍정적인 삶을 살게 된다. 이에 대해 자기계발의 탁월한 실력자이자 전설인 노만 V. 피일 박사는 다음과 같이 말했다.

"희망으로 가득 찬 사람과 교류하라. 창조적이고 낙관적인 사람과 소통하라. 긍정적이고 능동적으로 행동하라. 그리고 그런 사람을 자신의 주변에 배치하라."

피일 박사의 말은 인간관계에서 긍정적이고 낙관적인 사람과의 소통이 얼마나 중요한지를 잘 보여준다. 〈카네기 연구소〉에는 언제나 카네기를 보기 위해 찾아오는 사람들로 차고 넘쳤다. 왜일까? 그를 만나 이야기를 하다 보면 자신이 안고 온 문제가 사르르 풀림은 물론 갈 때는 자신감이 충만해져서 돌아갔기 때문이다.

카네기가 성공적인 인생을 살 수 있었던 가장 큰 힘은 바로 '긍정의 힘'에 있다. 만일 그에게 긍정의 힘이 없었다면 교사를 그만두지는 못했을 것이다. 그러나 그는 교사를 안 해도 인생을 새롭게 변화시킬 수 있다고 자신을 굳게 믿었고, 그의 인생은 그의 생각대로 찬란하게 변화할 수 있었다.

"할 수 있다는 믿음을 가지면 그런 능력이 없을지라도 결국에는 할 수 있는 능력을 갖게 된다."

이는 인도 독립의 아버지이자 성자라고 일컫는 마하트마 간디가 한 말로 '할 수 있다는 믿음'을 갖는 것이 왜 중요한지를 분명하게 보여준다. 그 또한 영국의 지배하에 있는 조국 인도가 독립을 할 수 있다는 믿음에서 출발했으며, 결국은 독립을 시킴으로써 인도인의 영원한 영웅이 되었다. 그가 국민들을 하나로 뭉치게 하고 '긍정의 소통'을 통해 긍정의 에너지를 심어주었다는 것은 자명한 사실이다. 이는 창조적이고 생산적인 마인드로써 반드시 갖춰야 한다.

💬 자신감을 심어주는 긍정의 생각 3가지

- 항상 긍정적으로 말하고 행동하라. 긍정적으로 말하고 행동하면 긍정의 에너지가 당신의 몸과 마음을 지배한다. 긍정의 에너지를 받는 한 당신은 그 어떤 일에도 두려움 없이 도전하게 될 것이다.

- 부정적인 생각은 생산적이고 창의적인 생각을 방해하는 훼방꾼이다. 부정적인 생각이 기회를 엿보고 당신의 생각으로 침투하지 않게 하라. 가장 좋은 방법은 언제나 긍정적인 에너지로 당신의 머리와 가슴

을 꽉 채우는 것이다.

● 긍정적이고 낙관적인 사람과 소통하라. 자신의 곁에 그런 사람을 많이 둘수록 당신의 삶은 긍정적으로 변하게 된다. 명심할 것은 부정적인 생각을 가진 사람과는 교류하지 말라. 그런 사람과 만나는 순간 당신에게 있는 긍정의 에너지마저 소멸시키게 됨을 명심하라.

당신 또한 당신만의 인생을 살고 싶을 것이다. 그렇다면 가장 먼저 당신의 머리와 가슴을 긍정의 에너지로 가득 채워라. 그 어느 순간에도 부정적인 생각은 절대 하지 말아야 한다. 또한 긍정적이고 낙관적인 사람과 교류하고 부정적인 사람과는 함께 해서는 안된다. 잘되는 사람은 잘되는 사람과 소통한다. 그러나 잘되지 않는 사람은 이를 간과한다. 이것이 잘되는 사람과 잘 안되는 사람의 가장 확실한 차이이다. 그렇다면 문제는 간단하다. 당신 또한 잘되는 사람과 소통하면 된다. 그래서 그들의 장점을 배워 당신의 삶에 적용시켜라. 그러면 당신 또한 잘되게 된다.

셋째, 경청으로 사람들의 마음을 샀다

좋은 인간관계를 갖기 위해서는 많은 노력이 필요하다. 저절로 잘 되는 일은 없듯, 인간관계 역시 노력에서 오는 것이다. 그중에서 특히 남의 말을 잘 들어주는 것은 매우 중요하다. 남의 말을 경청한다는 것은 상대에 대한 존중이자 깊은 관심의 표명과도 같기 때문이다. 그래서 사람은 누구나 자신의 말을 잘 들어주는 사람에게 깊은 관심을 갖고 그와 소통하기를 바란다. 그런 사람이라면 자신에게 충분히 도움이 된다고 믿기 때문이다. 링컨이 사람들과 좋은 관계를 가질 수 있었던 여러 요소 중에 남의 말을 잘 들어주었다는 것은 너무도 잘 알려진 이야기이다. 카네기 또한 남의 이야기를 잘 들어준 것으로 유명하다. 이에 대한 유명한 일화이다.

어느 날 그는 어떤 모임에서 유명한 식물학자와 이야기를 나누게 되었다. 그는 식물에 대해 아는 게 없어 열심히 듣기만 했다. 그리고 궁금한 것은 "그에 대해 좀 더 설명해 주시겠습니까?" 하고 말했다. 그러면 식물학자는 미소 띤 얼굴로 쳐다보고는 신이 나서 설명해주었다. 카네기는 다른 곳으로 자리를 옮기고 싶었지만, 열심을 다해 이야기하는 식물학자에 대한 예의가 아니라는 생각에 몇 시간 동안 들어주었다. 그의 이야기가 끝나자 카네기는 손을 내밀어 악수를 청하며 말했다.

"오늘 참으로 유익한 말씀을 들었습니다. 식물을 키우는 데 많은 도움이 될 겁니다. 감사합니다."

"아, 그렇습니까? 저 역시 잘 들어주셔서 감사드립니다."

둘은 이렇게 말하며 헤어졌다. 그런데 어느 날부터인가 카네기는 대화의 명수라는 소문이 돌았다.

'내가 대화의 명수라니, 대체 누가 그런 소릴 하는 걸까.'

이렇게 생각하던 카네기는 그 소문의 진원지를 알아보았다. 그리고 얼마 후 진원지를 알아냈다. 식물학자가 만나는 사람마다 카네기는 말을 참 잘하는 사람이라고 했다는 것이다. 졸지에 카네기는 남의 말을 잘 들어주어 대화의 명수라는 별명이 붙었다. 이 일이 있은 후 카네기는 자신이 하는 말도 중요하게 여겼지만, 남의 말을 더 잘 들어주었다. 경청이 더 큰 믿음과 신뢰감을 준다는 것을 경험으로 깨우쳤기 때문이다.

"2주 동안 남의 말에 귀를 기울이면 남의 관심을 끌기 위해 2년 동안 노력한 것보다 더 많은 친구를 얻을 수 있다."

이는 카네기가 한 말로 경청의 중요성을 잘 보여준다. 그가 이런 말을 할 수 있었던 것은 앞의 이야기처럼 그 자신의 경험에서 우러난 진정성 어린 말이라고 하겠다. 이처럼 경청의 중요성을 누구보다도 잘 알았던 카네기는 누구를 만나든 자신이 말을 많이 하기보다는 상대가 더 많이 말을 할 수 있도록 배려했으며, 상대의 말을 들을 땐 최대한 집중해서 들었다. 이런 그의 소통의 자세는 사람들로부터 소통의 대가라는 말을 듣게 한 가장 큰 요인이 되었던 것이다. 그러나 이와는 반대로 자기 말만 하는 사람이 있다. 그런 사람은 자기도취적이고 자기중심적이다. 자신만이 똑똑하고 자신만이 아는 것처럼 여긴다. 또한 말을 많이 해야 잘하는 줄 안다. 참으로 무지하고 어리석은 일이 아닐 수 없다. 그래서 이런 사람과의 소통은 부정적이고 마이너스적일 수밖에 없다.

💬 경청으로 사람들의 마음을 사는 3가지

- 상대방의 환심을 사기 위해서는 상대가 하는 말을 잘 들어주어야 한다. 그것도 아주 진지한 자세로 들어야 한다. 진지한 자세는 상대로부터 '저 사람은 좋은 매너를 갖고 있구나.'라고 여길 만큼 상대에게 좋은 이미지를 심어준다.

- 상대방의 말을 들을 때 상황에 따라 관심을 표명하는 것이 좋다. "그래서요?" 또는 "그랬군요." 하는 등의 말은 상대에게 "나는 당신의 말에 관심이 참 많습니다."라고 말하는 것과 같은 효과를 준다. 상대방은 그런 당신을 자기 인생의 좋은 파트너로 생각하게 될 것이다.

- 상대방이 말을 지루하게 해도 귀찮아하거나 싫어하는 내색을 하면 안 된다. 사람들은 대개 자신의 말이 재미있다고 생각하는 경향이 있다. 끝까지 잘 들어주는 것이 그 무엇보다도 자신을 상대에게 어필할 수 있는 좋은 기회가 될 수 있음을 기억하라.

"남의 말을 경청하는 사람은 어디서나 사랑받을 뿐만 아니라, 시간이 흐르면 지식을 얻게 된다."

이는 미국의 극작가인 윌슨 미즈너가 한 말로써 경청의 효과에 대해 함축적으로 잘 보여주는 말이라고 하겠다. 특히 시간이 지나면 지식을 얻게 된다는 말이 매우 이례적이라고 할 수 있는데, 경청은 삶의 지식과 같은 효과를 지닌다. 이에 대한 관점에서 미국의 문필가이자 의학자인 올리버 홈스는 다음과 같이 말했다.

"말하기는 지식의 영역이고, 귀담아 듣는 것은 지혜의 영역이다."

홈스가 경청에 대해 지혜의 영역이라고 한 것은 경청의 중요성을 극대화시킨 말이라고 할 수 있다. 경청이 그만큼 인간관계에서 즉, 소통에 있어 중요하다는 말이다. 말이 많으면 쓸 말도 많지만 상대적으로 불필요한 말도 많은 법이다. 인생의 모든 불화不和 뒤에는 잘못된 말로 인한 경우가 대부분이다. 세치의 혀는 사람을 살리기도 하고 지구를 한순간에 날려 보낼 수도 있다. 이것이 곧 삶의 지혜이며 인생의 지식인 것이다.

자, 당신은 이제부터 달라질 준비를 하라. 말을 많이 할 것인가? 아니면 많이 들어줄 것인가를 선택하라. 당신의 선택에 따라 카네기가 그랬듯이 당신 또한 성공적인 인생으로 살아가게 될 것이다.

자신을 돕듯이 남을 돕는 일은 참 아름답고 고귀한 일이다. 그런 사람은 사람들로부터 좋은 평가를 받는다. 카네기는 늘 자신을 돕듯 대중의 삶을 도왔다.

카네기는 자기계발가이자 동기부여가로서 사람들의 삶을 돕는 데 평생을 바쳤다. 절대적 긍정으로 타인에게 자신감을 심어준다는 것은 자신을 복되게 하는 일이다. 이것이 카네기가 성공할 수 있었던 비결이다.

남의 말을 잘 들어주는 것은 참 좋은 대화법이다. 사람들은 그런 사람에게 매력을 느끼고 깊은 관심을 갖는다. 그리고 그와 인간관계 맺기를 바란다. 카네기는 경청으로 사람들의 마음을 얻었다.

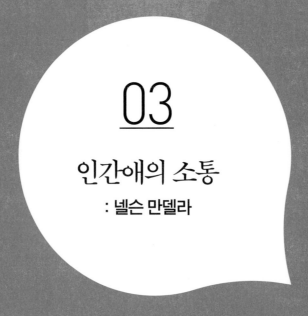

03

인간애의 소통

: 넬슨 만델라

넬슨 만델라 Nelson Mandela, 1918~2013

남아프리카공화국 트란스케이의 수도인 움타타의 작은 마을 음베조의 추장 아들로 태어났다. 1944년 아프리카민족회의ANC 청년동맹을 설립하고 흑인인권운동에 참여했다. 1952년에는 최초의 흑인 변호사 사무실을 열었다. 아파르트헤이트(인종분리정책)에 대항해 싸우다 1956년 반역죄로 기소되었지만 1961년 무죄로 석방되었다. 1960년 '샤프빌 대학살 사건'의 충격을 받고 폭력투쟁을 벌이다 1962년 5년형을 받았다. 수감 중이던 그는 1964년 종신형을 선고받고 로벤섬에 있는 교도소에 수감되었다. 이후 만델라는 27년을 감옥에서 보냈다. 1990년 2월 석방된 만델라는 화해와 평화를 내세워 남아프리카공화국에 끼친 공로로 1993년 드 클레르크와 함께 노벨평화상을 수상했다. 1994년 남아프리카공화국 최초의 자유총선거를 통해 최초의 흑인 대통령이 되었다.

저서로는 《험난한 자유의 길》, 《나는 죽을 각오가 되어 있다》, 《만델라 자서전》이 있다.

| 남아프리카공화국의 영원한 자유의 등불 |

남아프리카공화국 최초의 자유총선거를 통해 최초의 흑인 대통령이 된 넬슨 만델라. 그는 무려 27년 동안 로벤섬 감옥에서 보냈으며, 구금과 가택 연금 등을 포함하면 반평생 자유를 구속당하며 갇혀 지냈다. 그러나 그러는 가운데도 자유민주주의를 향한 그의 열망은 더해만 갔다. 당시 남아프리카공화국은 전 국민의 20%에 불과한 백인이 다수의 흑인을 지배했다. 소수 백인이 가혹한 인종차별로 흑인의 인권을 유린하고 자유를 억압하고 노예로 부리는 비인간적인 삶을 종식시키기 위한 그의 열정은 그 무엇으로도 막을 수 없었다.

만델라가 백인들의 인종차별에 반백인주의 사상을 갖기 전에는 그 또한 평범한 학생에 불과했다. 그러나 흑인들이 백인들로부터 억압을 당하고 불합리적인 일로 곤경에 처하는 일들을 수시로 목격하고 경험함으로써 그의 마음속에는 자유민주주의를 실현시켜야겠다는 의지가 불타오르기 시작했다. 그래서 그가 택한 것이 바로 변호사가 되는 것이었다. 변호사가 되어 흑인의 인권을 지키겠다는 굳은 신념이 그의 몸과 마음을 지배하기 시작했다. 그는 시델스키 변호사 사무실에서 견습 서기로 일하며 비트바테르스탄트 대학을 졸업했다.

1944년 만델라는 아프리카민족회의 ANC 청년동맹을 설립하고 흑인인권운동에 참여했다. 그는 인권운동을 하는 도중 틈틈이 공부하여 변호사 시험에 합격했다. 1952년에는 최초의 흑인 변호사 사무실을 열었다. 하지만 흑인 변호사를 무시하는 백인 판사들의 부당함에 만델라의 저항정신은 날로 더해만 갔다. 아파르트헤이트(인종분리정책)에 대항해 싸우다 1956년 반역죄로 기소되었지만 1961년 무죄로 석방되었다.

만델라는 처음에 평화적 시위를 했지만, 시위를 하는 흑인들을 향해 경찰과 군인들이 무참하게 총을 쏘아대었던 1960년 '샤프빌 대학살 사건'의 충격을 받고 폭력투쟁을 벌이다 1962년 5년형을 선고받았다. 수감 중이던 그는 1964년 종신형을 선고받고 로벤섬에 있는 교도소에 수감되었다.

만델라는 지옥 같은 감옥생활에서도 꿈을 잃지 않고 지속적으로 저항활동을 펼쳐나갔다. 자유민주주의를 향한 그의 열망은 언제나 태양처럼 빛났다. 그가 무려 27년이라는 기나긴 인고의 시련을 이겨낼 수 있었던 힘은 끝까지 살아남아서 오직 자유민주주의를 실현시키겠다는 그의 굳은 신념에 있었다.

만델라는 세계 언론의 힘을 빌려 자신의 자유민주주의 실현의 신념을 세계에 알렸으며, 이를 알게 된 서방국가들의 압력에 굴복한 드 클레르크 백인정권은 만델라를 석방했다. 자유의 몸이 된 만델라는 자신의 꿈을 이루기 위해 최선을 다했다. 그가 취한 반정부운동은 대립과 반목을 화해와 평화적인 방법으로 풀어가는 것이었다. 오랜 감옥 생활에서의 깊은 성찰은 진정한 자유민주주의 실현은 대화와 설득으로 이뤄내야 한다는 확신을 갖게 된 것이다. 그는 자유민주주의 실현에 도움이 된다면 그 누구와도 만나 대화했다. 이러한 그의 노력은 많은 사람들에게 깊은 감명을 주었다. 만델라는 화해와 평화를 내세워 남아프리카공화국에 끼친 공로로 1993년 드 클레르크와 함께 노벨평화상을 수상했다. 그리고 1994년 남아프리카공화국 최초의 자유총선거를 통해 최초의 흑인 대통령이 되었다.

만델라는 남아프리카공화국을 자신의 꿈대로 자유민주주의 국가가 되게 했다. 그렇게 되기까지 그는 때때로 죽을 고비를 맞았지만 그때마다 용케도 죽음의 고비로부터 벗어났다. 그는 자신을 탄압했던 사람들을 모두 용서해 주었다. 용서야말로 가장 아름다운 자유민주주의 실현이라고 생각한 것이다. 세계 언론은 그를 진정한 자유민주주의자라고 높이 평가했다. 그가 평생을 자유민주주의 실현을 위해 헌신할 수 있었던 것은 인간을 사랑하는 정신이 매우 각별했으며 끊임없는 '인간애의 소통'을 통해 자신의 꿈을 실현했기 때문이다. 그는 남아프리카공화국의 영원한 자유의 횃불이자 민족의 영웅이다.

| 넬슨 만델라의 소통 비법 특징적 요소 |

만델라의 소통의 특징은 한마디로 말해 '인간애의 소통'이라고 할 수 있다. 즉, 사랑하는 마음으로 사람을 대하는 것을 말한다. 사랑하는 마음으로 사람들을 대한다는 것은 결코 쉽지 않다. 사람을 조건 없이 사랑하고 아낀다는 것은 말처럼 쉽지 않은 일이다. 내가 아무리 인간적으로 상대를 대한다 해도 상대가 자신과 다르게 자신을 대한다면 그것을 용납하기란 어려운 일이기 때문이다.

사람은 생각의 동물이고 감정의 동물이다 보니 자신과 맞지 않으면 상대에 따라 사람을 대하게 된다. 생각해보라. 당신은 당신이 상대를 대하는 것과 다른 방식으로 상대가 당신을 대한다면 어떤 생각이 들지를. 당신 또한 그것을 용납하지 못할 것이다.

심은 대로 거둔다는 말이 있듯, 사람은 자신이 하는 그대로 받게 마련이다. 그런데 만델라는 이러한 보편적인 생각을 깨뜨려버렸다. 그는 억압받는 흑인들을 사랑했으며 또한 자신의 목숨을 노리고 탄압한 백인들에게도 그랬다. 이는 진정으로 인간을 사랑하는 마음 없이는 할 수 없는 일이다. 진정으로 인간을 사랑하는 것은 진실한 마음에서만이 가능한 것이다. 진실은 그 무엇도 다 가능하게 만드는 인간이 지녀야 할 가장 위대한 마음의 품격이자 행동의 가치이다.

"때때로 줄기만이 자라고 꽃이 피지 않는 때가 있다. 또 꽃만 피고 열매가 열리지 않는 때가 있다. 진실이란 것을 알고 있는 사람은 진실을 사랑하고 있다고 말해도 좋다. 그러나 진실을 사랑한다고 해도 사랑함으로써 진실을 행하고 있다고는 말할 수 없는 것이다."

이는 공자孔子가 한 말로 진실의 본질이 무엇인지, 왜 진실해야 하는지를 잘 보여준다.

만델라는 남아프리카공화국 국민들은 물론 전 세계인들로부터 존경을 받았다. 그가 21세기의 위대한 인물로서 세계사의 한 페이지를 장식할 수 있었던 것은 조건 없이 인간애의 소통으로 사람들에게 꿈과 희망을 심어주었기 때문이다. 그는 진실이 무엇인지를 가장 잘 보여준 대표적인 인물이라고 할 수 있다. 다음은 만델라의 소통의 비법 세 가지 특징의 요소이다.

첫째, 그는 누구든 인격을 존중했다

사람과의 관계에 있어 가장 중요한 것은 그 누구와도 인격적으로 대하는 것이다. 그 사람의 신분의 여하에 따라 인격을 달리한다면 이는 비상식적인 일이며 비인격적인 일이 아닐 수 없다. 그 누구도 신분의 여하에 따라 가치를 평가해서는 안 된다. 사람은 누구나 하늘로부터 평등한 권리를 부여받은 존재이다. 이른바 영국의 철학자이자 정치사상가인 존 로크의 천부인권론을 보더라도 이는 분명한 사실이며 반드시 그렇게 해야만 하는 것이다. 만일 사람이 그 사람의 태생에 따라, 삶의 빈부에 따라 인격의 가치를 달리한다면 이는 하늘의 뜻에 반하는 일이며, 인간이기를 스스로 포기하는 행위와 같다.

그런데 아직도 이런 전근대적인 시고방식에 빠져 사람들을 대하는 이들이 우리 사회에는 많은 것이 사실이다. 자신만이 대접 받기를 원하고, 자신만이 인격자인 것처럼 행동한다. 타인의 실수에 대해서 또는 그 사람의 형편에 따라 함부로 대하는 등 파렴치하고 비인격적인 언행을 일삼는다. 이른바 갑질이라는 것 또한 같은 맥락이다. 소비자는 왕이라는 생각으로 철저히 무장한 된장녀 같은 이들의 무분별한 갑질 논란이나, 권위의식에 사로잡힌 일부 몰지각한 정치가나 권력기관 하수인들의 그릇된 행태는 도를 넘어 보는 이들로 하여금 분노를 자아내게 한다. 이런 관계에서는 진정한 소통이 이루어지지 않는다.

진정한 소통이란 너와 내가 평등한 관계에서 이루어지는 것이다. 즉, 그가 누구든 인격적으로 대해야 한다. 이런 관계 속에서 진정한 소통이 이루어지고 그러한 인간관계는 오래도록 지속됨으로써 서로의 삶에 도움이 됨은 물론 인간가치를 통해 삶을 보다 아름답게 살아가게 되는 것이다.

"인격이란 자각할 줄 알고 스스로 책임질 줄 아는 이성적 존재자이기 때문에 인격을 언제나 목적으로 다루어야지, 절대 수단으로 다루어서는 안 된다."

임마누엘 칸트의 말로 이 말에서처럼 인격이란 이성적인 존재자로서 행해야 할 자연스러운 것이지 어떤 수단으로써 행하는 것은 아니다. 다시 말해 이성을 가진 사람들이 서로를 인격적으로 대해야 한다는 말이다. 그것이 이성을 지닌 사람들이 취해야 할 삶의 자세인 것이다.

만델라는 인간을 사랑하는 법을 잘 알고 있었으며, 그러한 그의 생각은 모든 사람을 인격적으로 대하게 했다. 즉, 인격적인 관계에서만 진정한 인간관계가 싹틈은 물론 진정한 삶의 토대가 형성 된다고 굳게 믿었던 것이다. 그런데 그의 조국 남아프리카공화국은 소수의 백인들이 다수의 흑인들을 자신의 멋대로 부리는 노예로 여겨 함부로 대하는 무법천지였으며, 극심한 인종차별 정책은 흑인들의 꿈과 희망을 짓밟아버렸다. 하루하루가 절망이었고 죽음처럼 참혹했다. 만델라는 잘못된 사회를 개혁하고 자유민주주의를 실현함으로써 인간답게 살아갈 권리를 찾기 위해 목숨을 걸고 헌신했던 것이다. 이러한 만델라의 꿈을 잘 아는 흑인들은 그에게 열광했고, 그를 전폭적으로 지지했다. 인격이 상실된 인간의 삶은 존재할 수 없다. 그것은 무간지옥이며 아비규환과도 같은 삶이기 때문이다.

만델라가 자유민주주의 실현을 위한 대국민적 지지는 물론 서방국가로부터 지지를 이끌어 낼 수 있었던 것은 그의 인격직인 그리고 인간애적인 소통에 있었다.

💬 인격적인 마인드를 기르기 위한 3가지

● 나의 삶이 중요하면 남의 삶도 중요하다고 생각하라. 이런 인식을 갖지 않는 한 언제든지 상황에 따라 사람들을 비인격적으로 대할 수 있다. 이를 마음속에 새겨 습관화하라.

● 함부로 말하고 행동하지 않도록 해야 한다. 이는 습관과 같아 한 번 몸

에 배면 좀처럼 고치기 힘들다. 사람들은 내가 함부로 말하고 행동해도 좋은 대상이 아니라, 인격적으로 대해주어야 하는 이성적인 존재임을 늘 명심해야 한다.

- 인간의 가치는 그 사람의 신분이나 빈부의 차이 또는 학벌에 있는 것이 아니다. 그 사람 자체가 곧 인격의 가치인 것이다. 한 사람 한 사람은 이성을 지닌 존재로서 인격적인 대우를 받아야 한다. 언제든지 이를 망각하지 않는 것이 중요하다. 인간은 누구나 가치를 지닌 존재인 것이다.

당신이 누군가로부터 인격적인 대우를 받았다면 기분이 매우 좋을 것이다. 그러나 비인격적인 대우를 받으면 끓어오르는 분노를 억제하기가 힘들 것이다. 당신의 인격을 무시당한다는 것은 곧 당신의 모든 것을 무시당하는 것과 같다. 당신에게 상처를 준 사람들과의 소통을 한다는 것은 불가능하다. 이를 뒤집어서 말한다면 당신은 절대로 상대를 비인격적으로 대해서는 안 된다는 말이다. 인격적으로 대하는 것은 곧 당신을 위하는 일인 것이다.

왜 그럴까? 상대는 그런 당신을 존중하고 나아가 존경할 것이기 때문이다. 인격이란 씹다 버리는 껌이 아니다. 언제든지 가슴에 담아두고 행해야 할 좋은 습관과도 같은 것이다. 인간은 그 누구든 가치를 지닌 존재이기에 인격적으로 대하는 것이지, 그 사람의 소유물에 의한 것이 아님을 마음에 새겨 인간관계를 유지해야 한다. 이에 대해 영국의 소설가 오스카 와일드는 다음과 같이 말했다.

"인간의 가치는 그 소유물에 의한 것이 아니라 그 인격에 있다."

그렇다. 아주 정확한 지적이 아닐 수 없다. 당신은 진정한 소통의 고수가 되고 싶은가. 그렇다면 누구든지 인격적으로 대하고 행동하라.

둘째, 자신의 신념을 실천했다

실천적인 삶을 추구한다는 것은 쉽지 않다. 그러기 위해서는 많은 노력이 필요하다. 적극적인 자세로 자신을 무장해야 하고, 한 치의 흐트러짐도 없도록 해야 한다. 필요에 따라서는 뼈를 깎는 고통도 감내해야 한다. 하고 싶은 것도 절제해야 하는 등 스스로를 강하게 단련시키지 않으면 안 된다. 그래서 실천적인 삶을 살아가는 사람들이 존경받고 가치 있는 인생으로 평가받는 것이다.

특히, 개인의 영달을 위한 삶을 떠나 사회와 국가를 위해 또는 국민을 위해 실천적인 삶을 산다면 더더욱 가치 있는 인생으로 평가받고 존경받는다. 만델라가 목숨을 걸고 고난의 가시밭길을 걸어간 것은 대통령이 되고 싶은 욕망 때문에, 권력을 위해서, 명예를 위해서가 아니라 오직 국가와 민족을 위해서였다. 그는 자신을 위해 한시도 살아본 적이 없다. 자리에서 일어나 누울 때까지 그의 머리와 가슴속에는 오직 자유민주주의를 실현시키고자 하는 꿈과 희망으로 꽉 차 있었다.

목적이 분명한 사람은 그 목적을 방해하고 가로막는 그 어떤 억압이나 탄압에도 개의치 않으려는 속성이 있다. 만델라 또한 조국의 민주화를 통해 인종차별을 금지하고 모든 국민이 인간답게 살아가는 자유와 평화가 보장되고 인권이 보장받는 나라를 만들고 싶은 목적을 갖고 있었기에 그 험난한 길을 두려워하지 않고 걸어갈 수 있었다.

그에게 있어 따뜻한 가정생활을 유지하기란 불가능이었다. 조국을 위해 살았던 사람들은 하나같이 가족과 행복한 시간을 보내지 못했다는 공통점이 있다. 가족에게 쏟아야 할 사랑과 행복의 에너지를 국가와 민족을 위해 쏟아부으니 이는 당연한 결과이다. 애국애족으로 인해 가정의 행복은 포기해야만 했다.

대의멸친大義滅親이란 말이 있다. 대의 즉, 나라와 민족을 위하는 일에는 부모나 형제의 정도 돌보지 않는다는 뜻이다. 만델라의 인생은 대의멸친으로 얼룩진 삶이었다. 자신의 목숨을 걸고 투쟁을 멈추지 않는 그의 모습은 많은 국민들에게 희망과 감동을 주었다.

어떤 상황에서도 좌절과 포기를 모르는 그의 강인한 신념과 의지에 따른 실천적인 삶은 그 자체가 곧 국민과의 무언의 소통이었다. 그가 크게 외치지 않아도 국민들은 그와 마음으로 소통했으며, 눈빛으로 소통했다.

"행동은 말보다 강하다."

데일 카네기가 한 말로 행동이 주는 의미는 그 어떤 말보다 진실하고 감동적이라는 것을 알 수 있다. 그렇다. 행동은 몸짓 언어인 것이다. 몸짓 언어가 말의 언어보다 큰 것은 당연하다. 그래서 말은 하되 행동은 하지 못하는 것이다. 남아프리카공화국 국민들이 만델라의 행동하는 양심, 행동하는 정의에 감동한 것은 지극히 당연한 일이다.

만델라의 행동하는 실천적 의지와 신념은 국민들을 하나로 뭉치게 했으며, 마침내 최초의 흑인 대통령이 됨으로써 자유민주주의를 실현할 수 있었다.

💬 자신의 신념을 실천으로 옮기는 3가지

● 아무리 목적이 거창하고 훌륭하다고 해도 그것을 실천으로 옮기는 신념이 없으면 무용지물과 같다. 그 어떤 것도 행동하지 않고 말로는 이룰 수 없는 법이다. 자신이 추구하는 목적을 이루고 싶다면 신념을 실천으로 옮기는 절대적 의지가 필요하다.

● 강인한 신념을 실천하기 위해서는 자신을 이겨내야 한다. 강인한 마

인드를 기르기 위해서는 실천적 의지를 통해 신념을 이룬 사람들을 롤모델로 삼아 그들이 했던 대로 따라서 해보라. 자신의 몸과 마음속에 그들이 그랬던 것처럼 뜨거운 신념으로 가득 채워라.

● 고통이 따르지 않는 실천적 의지는 어디에도 없다. 자신의 신념을 실현시키기 위해서는 고통에 익숙해지도록 해야 한다. 그러나 그 고통은 영광을 위한 고통이다. 그런 고통이라면 무엇을 주저하겠는가. 고통을 이긴 자만이 영광의 면류관을 쓸 수 있음을 늘 상기해야 한다.

당신의 신념은 무엇인가? 당신은 당신의 신념을 이룬 적이 있는가? 이 물음에 그렇다고 대답할 사람은 얼마나 될까? 누구든 이 물음에 자연스럽게 대답하지 못할 것이다. 그만큼 어려운 것이 신념대로 이루는 삶이다.

사람들은 대개 꿈이 있고 목적을 갖고 산다. 하지만 그 꿈과 목적을 이루고 원하는 삶을 사는 사람들은 많지 않다. 그것은 자신의 신념을 실현하려는 의지가 부족해서이다. 신념이 강하고 실천적 의지가 강하면 하늘도 도와준다.

"하늘은 스스로 돕는 자를 돕는다."

옳은 말이다. 하늘은 스스로 돕는 자를 반드시 도와준다. 우리는 이런 사실을 수많은 역사적 사건에서 보아왔다. 이는 무엇을 말하는가. 신념을 실현시키는 의지의 힘이 강하면 반드시 자신의 목적을 이루게 된다는 말이다.

"신념은 대담한 자의 편에 선다. 용기를 가지고 도전하라. 신은 용감한 자를 돕는다."

독일의 고전주의 극작가이자 시인인 프리드리히 실러의 말로, 대담한 자 즉, 용기를 갖고 자신의 신념을 실현시키고자 하는 자는 신이 도와주어 꿈을 이루게 한다는 말이다. 신념을 이루고자 하는 의지를 갖는다면 반드시 그렇게 된다는 말이다. 당신도 신념을 이루고 싶다면 만델라가 그랬던 것처럼 당신의 실천적 의지를 보여라. 그러면 당신을 도와주려는 사람들이 나타나게 될 것이다. 신념을 이루고자 하는 의지는 곧 사람의 마음을 움직이는 무언의 소통임을 잊지 말아야 할 것이다.

셋째, 화해와 용서로 포용했다

자신에게 고통을 준 사람을, 자신의 목숨을 빼앗으려고 한 사람을 용서하고 화해한다는 것은 보통 사람으로서는 하기 어렵다. 용서는 사랑의 다른 이름이라는 말은 그래서 나온 말이다. 그만큼 어려운 것이 상대를 용서하는 일이다.

"용서할 줄 알아야 한다. 용서는 내면의 평화를 열어주는 열쇠다.

용서하는 마음은 덕을 쌓는 일이다. 친구를 용서하는 것보다 원수를 용서하는 것이 훨씬 쉬운 일이다. 먼저 용서하라. 먼저 용서하는 사람이 이기는 것이다. 용서하라. 용서하지 못해 자신의 하루를 망치지 말라. 용서가 늦으면 승리는 상대에게 넘어간다. 용서도 화풀이의 방법이다. 용서받는 사람보다 용서하는 사람이 되어야 한다."

《경행록》에 나오는 말로 진정한 용서에 대해 구체적으로 잘 보여준다. 용서에 대해 러시아의 국민작가 레프 톨스토이는 다음과 같이 말했다.

"당신에게 죄를 지은 사람이 있거든, 그가 누구이든 용서하라. 그때에 당신은 용서하는 행복을 알게 될 것이다."

톨스토이 또한 용서의 참된 의미에 대해 설파했음을 알 수 있다. 화해는 용서할 때 이루어지는 것이다. 아무리 화해하고 싶은 마음이 들어도 진심에서 우러나는 용서의 마음이 없이는 진정한 화해란 있을 수 없다. 이에 대해 17세기 스페인의 철학자이자 작가인 발타자르 그리시안은 이렇게 말했다.

"당신의 적에게 언제나 화해의 문을 열어놓아라."

발타자르 그리시안의 말은 용서하는 마음을 지니고 살라는 말이다. 그래야 화해가 이루어지고 함께 더불어 살아갈 수 있다는 것이다. 용서와 화해는 언제나 함께 하는 말이다. 그래서 용서가 있으면 화해도 있고, 용서가 없으면 화해도 없는 것이다.

만델라는 용서와 화해에 대해 잘 알았으며, 용서와 화해야말로 적을 동지로 삼을 동지로 삼을 수 있고, 함께 뜻을 모으면 더 나은 나라로 발전할 수 있으며 더 행복한 나라가 될 수 있다는 것을 몸소 알았던 것이다. 물론 그렇게 한다는 것은 보통 일은 아니었다. 그것은 정신적으로 높은 경지에 오른 사람이나 할 수 있는 일처럼 높고 의연한 일인 것이다.

만델라가 오랜 감옥살이와 연금·구금을 반복하는 삶을 살았음에도 불구하고 취한 행동을 보자. 시련과 고통 속에서도 성찰한 것이 있었으니 그건 바로 보복은 또 다른 보복을 낳는다는 것이었다. 아무리 성찰을 통해 얻은 깨달음이라고 해도 인생의 절반을 갇혀 지낸 그로서는 용서하기란 결코 쉬운 일은 아니었을 것이다. 그러나 그는 국가와 민족의 희망 그리고 자유민주주의 실현을 위해 자신의 감정은 뒤로하고 용서와 화해를 통해 살기 좋은 나라, 국민 모두가 법 앞에 평등한 나라, 국민의 권리와 의무가 보장받고 행해지는 나라를 만들고자 노력했다.

만델라는 '진실과 화해 위원회'를 만들어 진실을 규명하고 용서와 화해를 시행함으로써 정적을 친구로 만들었으며, 국민들의 아낌없는 지지를 받음으로써 서방세계를 비롯한 전 세계인들의 가슴에 참사랑의 의미를 깊이 각인시켰다. 이처럼 용서와 화해는 자국민은 물론 정적들과의 소통을 이루게 했으며 전 세계인의 마음에 소통의 가치를 환기시켜 주었다.

💬 용서와 화해를 위한 참 좋은 3가지

- 자신이 자기를 용서하는 것 같이 상대를 용서할 수 있다면 그는 어떤 상황에서도 그 누구와도 충분히 화해할 수 있다. 화해는 진정으로 용서할 때만이 할 수 있는 아름다운 결행이다.
- 자신에게 고통을 준 사람을 용서하는 일은 결코 쉽지 않다. 그것은 덕을 쌓는 마음과 수행을 하는 것 만큼 어렵다. 자신이 삶을 보다 폭넓게 살아가길 원한다면 용서하고 화해하는 일에 익숙해져야 한다.
- 남을 용서할 줄 아는 사람만이 남으로부터 용서 받을 수 있다. 또한 화해를 할 줄 아는 사람만이 상대로부터 화해의 청함을 받을 수 있다. 용서하고 화해하는 행위는 인간관계에서 가장 숭고한 삶의 과정의 중에 하나이다. 이를 습관화하라.

당신은 당신을 어떻게 생각하는가? 당신에게 아픔을 주고 고통을 준 사람을 용서한 적이 있는가? 아니면 당신이 잘못으로 인해 상대로부터 용서를 받은 적은 있는가? 이에 대해 잠시 생각해보라.

만일 용서를 한 적이 있다면 당신은 앞으로도 얼마든지 용서할 수 있다. 그러나 용서한 적이 없다면 용서할 수 있는 마음을 갖춰라. 그것이 당신의 인생을 새롭게 변화시킬 수 있는 계기가 되어줄 수도 있다. 또한 상대로부터 용서를 받은 적이 있다면 당신은 당신의 삶에 빚을 졌다고 생각하라. 그러면 당신 또한 누군가를 충분히 용서할 수 있게 된다.

"용서하는 것이 용서받는 것보다 낫다. 우리는 끊임없이 용서해야한다. 그럼으로써 우리 자신도 누군가로부터 또는 신으로부터 용서받을 수가 있는 것이다."

영국의 철학자이자 사회평론가인 버트란트 러셀의 말로써 용서의 가치와 필요성에 대해 잘 보여준다고 하겠다. 용서와 화해는 인간이 보일 수 있는 가장 어렵지만 가장 아름다운 소통의 요소임을 기억하고 용서할 때 용서하고 화해할 때 화해하는 탄력적이고 매끄러운 삶을 리드하는 당신이 되어라.

상대를 인격적으로 존중한다는 것은 인간관계에서 매우 바람
직한 일이다. 사람은 누구나 인격적으로 대우받기를 원한다.
사람은 인격적인 존재이며 존중받아야 할 존재이기 때문이
다. 넬슨 만델라는 인간관계에서 그가 누구든 인격적으로 존
중했다.

사람들에게 자신을 인정받게 하는 것 중 신념을 지닌다는 것
은 매우 중요하다. 신념이 강한 사람은 매사를 긍정적이고 희
망적으로 바라보기 때문이다. 신념이 강한 사람은 인간관계
에서 좋은 인생의 파트너이다. 넬슨 만델라는 자신의 신념을
실천함으로써 국민들의 호응을 이끌어내 민주국가를 탄생시
킬 수 있었다.

잘못한 사람을 용서하고 화해로 이끌 수 있다면 사람들로부
터 존경받음은 물론 삶을 긍정적으로 변화시킨다. 넬슨 만델
라는 정적을 화해와 용서로 포용했다.

04

프레젠테이션의 소통

: 스티브 잡스

스티브 잡스 Steven Paul Jobs, 1955~2011

애플 창립자이다. 1976년 스티브 워즈니악, 로널드 웨인과 애플을 공동 창업했다. 1985년 애플에서 강제로 퇴직당한 후 10년 동안 와신상담 끝에 1996년 애플에 복귀하여 2001년 MP3 '아이팟' 출시, 2007년 '아이폰' 출시, 2010년 '아이패드'를 출시하여 성공했다. 2011년 애플의 주가 시가총액이 세계 1위에 오르며 명실상부한 최대의 기업이 되었다. 2009년 '포춘지' 선정 최고의 CEO에 선정되었으며, 2010년 《파이낸셜타임스》의 '올해의 인물'에 선정되었다. 2012년 '제 54회 그래미상 평생공로상'을 수상했다. 주요 작품으로 영화 〈토이 스토리〉 외 다수가 있다.

| 늘 새로움을 추구한 탁월한 상상력의 실천가 |

상상력으로 세상을 변화시킨 21세기의 대표적 CEO인 스티브 잡스. 그가 2011년 타계했을 때 전 세계인들은 그의 죽음을 애도하며 그의 평생 공적을 높이 평가했다. 위대한 정치 지도자도 아니고 대중성 높은 연예인도 아닌 기업인에게 그처럼 추모의 열기가 뜨거웠다는 것은 이례적인 일이 아닐 수 없다. 참으로 놀라운 일이다.

스티브 잡스는 뛰어난 직관력과 상상력을 갖췄을 뿐만 아니라 지는 것을 몹시 수치스럽게 생각할 정도로 강한 의지를 지닌 긍정적인 인물이다. 그러나 때론 그의 이러한 성격이 저돌적이고 독선적으로 비춰져 비난을 받기도 했다. 하지만 저돌적인 그의 성격은 그가 하고 싶은 것을 추진하는 데 있어 도전적이고 강한 실천력을 발휘하는 데 주저함이 없었다. 그는 자기 확신이 강해 한 번 결심한 것은 끝까지 밀어붙였다.

스티브 잡스는 1981년 매킨토시Macintosh 프로젝트를 주관하며 큰 꿈에 부풀어 있었다. 1984년 매킨토시를 출시했으나 생각과는 달리 크게 실패했다. 그러자 애플은 경영에 큰 어려움을 겪게 되어 추방당했지만 그는 좌절하지 않았다. 그에겐 실패는 있어도 좌절은 없었다. 그는 언제나 현재진행형이었다. 그는 컴퓨터회사 넥스트를 창업하고, 애니메이션 업체인 픽사를 인수하여 재기를 꿈꾸었다. 그는 애니메이션 〈토이스토리〉를 성공시키며 재기의 발판을 마련했다. 그는 전혀 다른 새로운 분야에서도 자신의 존재감을 확실하게 각인시켰다. 그 후 애플의 제의로 넥스트사를 애플에 매각하고 CEO로 영입되어 그동안 자신이 꿈꿔왔던 것을 하나씩 성공시키며 애플을 세계 최고의 기업으로 성장시켰다.

스티브 잡스는 항상 새로움을 추구했다. 다른 회사의 것과는 다른 애플만의 것을 추구했던 것이다. 그의 머리에는 언제나 창의적인 생각으로 넘쳐났다. 그가 새로움을 추구한 것은 그것만이 새로운 세상으로 변화시킬 수 있다고 믿었던 것이다.

"우리는 우리가 상상한 것에 모든 것을 걸었다. 다른 곳과 똑같은 것을 만들 바에는 우리들이 상상한 것에 모든 것을 걸고 싶다. 누구나 만들 수 있는 제품은 다른 회사가 만들면 된다. 우리에게는 다음엔 어떤 상상을 하고 나아가느냐가 중요하다."

스티브 잡스의 말에서 그가 얼마나 남과 다른 것을 원하는지 잘 알 수 있다. 남들과 똑같거나 비슷해서는 안 된다. 그것은 혁신이 아니라 구태의연한 것일 뿐 전혀 새롭지 않다는 게 그의 생각이다. 기업인으로서는 최고의 존경과 찬사를 한 몸에 받았던 스티브 잡스는 그가 태어나기 이전의 세상과 그가 태어난 이후의 세상을 완벽하게 변화시킴으로써 한 사람의 위대한 창의력이 얼마나 큰 힘을 발휘할 수 있는지를 극명하게 증명해 보인 탁월한 상상력의 실천가이자 완성자이다.

| 스티브 잡스의 소통 비법 특징적 요소 |

상상력의 귀재, 세상을 바꾼 위대한 천재적 실천가 스티브 잡스는 혁신의 아이콘으로서 세상을 변화시키는 개혁자적인 이미지가 누구보다도 잘 어울리는 사람이었다. 그는 뛰어난 직관력과 상상력을 갖췄으며, 남에게 지는 것을 몹시 수치스럽게 생각했다. 그만큼 그는 강한 의지를 지닌 긍정적인 사람이었다. 그러나 때론 그의 말과 행동이 저돌적이고 독선적으로 비춰져 비난을 받기도 했다. 하지만 그의 저돌적인 성격은 기업을 경영하고 새로운 사업을 계획하고 추진하는 데 큰 원동력이 되었다. 또한 스티브 잡스는 애플의 제품을 자신이 직접 프레젠테이션 방식을 통해 설명함으로써 소비자들에게 어필했다. 청바지에 검정 티셔츠를 입고 무대에서 열변을 토하는 그의 모습은 미국 국민들뿐만 아니라 전 세계 소비자들에게 깊은 감명을 주었다. 사람들은 CEO인 그가 소비자들과 직접 소통하는 적극적인 마케팅에 깊은 믿음과 신뢰를 보냈으며 애플의 제품은 불티나게 팔려 나갔다. 그러자 그의 프레젠테이션 방식을 벤치마킹하는 기업인들이 곳곳에 나타나 그가 했던 대로 따라하는 등 센세이션을 일으켰다. 과거에 그 어느 누구도 시도하지 않은 새로운 방식의 마케팅 전략인 프레젠테이션은 스티브 잡스의 트레이드 마크가 되었다.

그가 프레젠테이션 방식으로 소비자와 소통을 시도한 것은 그만큼 애플의 제품에 자신이 있다는 방증과도 같다. 그의 전략은 그 자신을 세계 최고의 기업인 애플의 CEO로 세계인들의 가슴깊이 각인시켰다. 한마디로 그의 소통의 특징은 '프레젠테이션 소통'이라고 할 수 있는데 이를 세 가지로 분석하여 살펴보는 것은 그 자체만으로도 그의 소통 방법을 배우는 데 큰 도움이 될 것이다.

첫째, 변화와 혁신을 추구했다

변화와 혁신이라는 두 낱말은 새로움과 미래라는 이미지를 내포하고 있다. 이 말 속에는 '지금보다 나은 내일을 위해, 지금보다 나은 나를 위해'라는 강한 메시지가 꿈틀거린다. 그래서일까, 변화를 꾀하고 혁신적인 마인드를 가진 사람은 깨어 있는 삶을 추구하는 혁신주의적이자 개혁자적인 이미지를 준다. 스티브 잡스는 이런 관점에서 볼 때 가장 변화적이고 가장 혁신적인 사람이다. 그는 늘 새로움을 꿈꾸었다. 그것이야말로 자신이 살아가는 이유이자 목적이었다. 그는 천리안을 가진 사람이었다. 그가 예측하는 것들은 곧 현실이 되었고, 미래가 되었다. 많은 사람들이 "아니다"라고 할 때 그는 "예스"라고 말했다.

그렇다고 해서 그가 모든 것을 성공시킨 것은 아니다. 그도 실패를 했다. 그것도 자신이 창립한 애플에서 추방당하는 그야말로 처절함 그 자체였다. 그러나 그는 좌절하지 않았다 새로운 변화를 꿈꾸었다. 그는 컴퓨터회사 넥스트를 창업하고, 애니메이션 업체인 픽사를 인수하여 재기를 꿈꾸었다. 그는 애니메이션 〈토이스토리〉를 성공시키며 재기의 발판을 마련했다. 그는 전혀 다른 새로운 분야에서도 자신의 존재감을 확실하게 각인시켰다. 그 후 애플의 제의로 넥스트사를 애플에 매각하고 CEO로 영입되었다. 그는 그동안 자신이 꿈꿔왔던 것을 탁월한 상상력과 직관력으로 '아이맥iMac' 을 출시하여 성공을 거두었으며, 이후 '아이팟'을, 2003년에는 '아이튠스 뮤직스토어'를 출시하여 센세이션을 불러일으켰다. 2007년 엔 '아이폰'를 출시하여 아이팟 누적대수 1억을 돌파하며 사람들을 놀라게 했다. 또한 2010년에는 '아이패드' 출시하여 폭발적으로 판매고를 올렸다. 그리ㄱ 이듬해인 2011년엔 '아이패드2'를 출시하며 대성공을 거두었다.

끊임없는 변화와 혁신은 그와 소비자들을 연결하는 무언의 소통이었다. 똑똑한 소비자들은 굳이 말을 하지 않아도 안다. 즉, 변화와 혁신의 결과가 그것을 잘 말해준다는 것을 그들은 아는 것이다. 스티브 잡스는 참으로 영민한 사람이다. 그는 이러한 소비자들의 심리를 미리 파악하고 끊임없이 애플은 발전하고 애플 제품은 진화한다는 것을 변화와 혁신의 결과로써 보여주었던 것이다.

침묵은 때로 유창한 언변보다 힘이 세다. 스티브 잡스는 이를 변화와 혁신이라는 두 가지 모토 아래 철저하게 실천해 옮겼다. 그리고 그 결과는 언제나 성공이었다.

"살아남는 종種이 가장 강한 것도 아니며, 가장 현명한 것도 아니다. 변화에 적응할 수 있는 종이 살아남는 것이다."

명저《종의 기원》의 저자이자 영국의 생물학자인 찰스 다윈이 한 말로 변화의 본질에 대해 잘 보여주는 말이다. 찰스 다윈의 말 즉,

'진화론'은 생태학적인 것을 의미하지만, 이는 인간의 삶에서도 적용되는 일이기도 하다. 치열한 경쟁에서 살아남기 위해서는 남보다 먼저 새로운 변화를 시도해야 한다. 그렇지 않으면 뒤처지게 되고 도태되고 만다.

애플이 스티브 잡스를 추방한 뒤 새로운 변화를 이끌어내지 못해 위기를 맞았지만, 언젠가는 애플로 다시 돌아가야 한다며 끊임없이 변화와 혁신을 시도한 스티브 잡스의 복귀로 크게 성장하며 세계 제일의 기업이 되었다.

변화와 혁신을 꿈꾸고 시도하는 사람은 그 자체가 곧 사람들과의 소통을 뜻한다고 한 말은 이런 사람이야말로 시대를 앞서나가는 사람이기에 그와 함께 하고자 하는 사람들이 그 주변에 몰려드는 것이다. 이것이야말로 자연스럽고 긍정적인 소통이 아닐 수 없다.

💬 변화와 혁신을 위한 긍정의 생각 3가지

- 변화와 혁신을 추구하는 사람은 생각이 깨어있는 사람이다. 지금이란 자리에 안주하지 않고, 지금보다 나은 내일을 위해 지속적으로 새로움을 시도하는 긍정의 사람이다. 이런 사람을 가까이 한다는 것은 자신의 발전을 위해 반드시 필요하다. 이런 인간관계는 자신에게도 상대에게도 생산적인 삶을 살아가게 한다.

- 웅덩이에 고인 물을 그대로 두면 썩는다. 그러나 흐르는 물은 썩는 법

이 없다. 그래서 흐르는 물은 살아있는 모든 것들에게 생명수가 되어 준다. 사람 또한 마찬가지다. 아무리 머릿속에 들어있는 것이 많아도 그대로 두면 아무것도 아닌 것이 되고 만다. 그러나 새로운 것을 지속적으로 머릿속에 투입시키면 창의적이고 생산적인 생각이 길러진다.

● 세상은 시시각각 모습을 바꾸어 간다. 그런 세상에서 살아간다는 것은 때론 버거울 수도 있다. 그러나 나아가지 못하고 그 자리에 머문다는 것은 곧 퇴보를 의미한다. 퇴보하는 사람을 좋아할 사람은 없다. 인간관계 또한 멈추게 된다. 그것은 곧 자멸을 뜻한다. 이런 내가 되지 않기 위해서는 죽을듯이 미칠듯이 나아가야 한다. 그것이 내가 살고 내 인생이 플러스가 되는 길이다.

당신은 안주하기를 좋아하는 편인가, 아니면 앞으로 나아가기를 좋아하는가? 당신은 새로운 것에 대해 적응을 잘하는 편인가, 아니면 적응하기가 힘든 편인가? 이에 대해 당신은 어느 쪽인가? 선택에 따라 당신의 삶은 완전 극과 극으로 치닫게 될 수도 있다. 안주하는 사람은 지금 당장은 편하고 좋을 수 있다. 앞으로 나아가는 부담감이 없기 때문인데, 여기엔 위험이 도사리고 있다. 그것은 바로 퇴보라는 함정이다. 퇴보는 곧 자멸을 불러오는 지름길이다.

하지만 힘들고 버거워도 앞으로 나아가는 삶은 희망이 있다. 지금 보다 더 나은 내일이라는 희망의 세계가 반겨주기 때문이다. 이는 단순히 안주하고 나아가는 문제가 아니라 삶의 모든 것이 달라질 만큼 중요하다. 인간관계에 미치는 영향 또한 극과 극이다. 인간관계가 나쁘면 다시 말해 소통에 문제가 있으면 발전적인 삶을 살아가는데 문제가 많다. 그런 사람을 가까이 한다는 것은 당신 또한 마이너스적인 인생이 될 것이다. 그러나 인간관계가 좋으면 즉, 소통이 매끄러우면 플러스적인 인생이 된다. 그런 사람을 가까이 한다면 당신 또한 플러스적인 인생이 될 것이다.

변화적이고 혁신적인 사람이 인간관계가 좋은 것은 그와 가까이 하려는 사람들이 주변에 모여들기 때문이다. 이에 대해 마하트마 간디는 이렇게 말했다.

"나 스스로가 먼저 세상에서 일어날 그 변화가 되어야 한다."

간디의 말을 가슴이 새겨 실천에 옮기는 당신이 되어라. 그러면 당신은 당신을 따르는 사람들과의 관계에서 우위를 점하게 됨으로써 당신을 플러스 인생이 되게 할 것이다.

둘째, 스스로를 믿는 자기 확신이 강했다

자기 확신이 강한 사람은 신념과 의지 또한 강하다. 왜 그럴까. 자기 확신이 강하면 자신이 원하는 것을 이루겠다는 욕망 또한 강하다. 강한 욕망이 신념과 의지를 강하게 발동시키는 것이다. 스티브 잡스는 자기 확신이 강한 사람이었다. 때론 너무 자기중심적이어서 사람들로부터 독선가라는 비난을 받기도 했다. 그렇지만 아이러니하게도 강한 자기 확신 때문에 그는 성공할 수 있었다. 자기 확신이 강한 사람은 자기애가 강하다. 그래서 남에게 지는 걸 싫어하고, 자기중심적이다. 또한 자기 확신이 강한 사람은 자신이 하고자 하는 일에 대해 집중력과 집착이 강하다. 그러다 보니 목표를 이루기 위해 열정을 다 바친다. 그리고 그것은 곧 성공적인 결과로 이어진다.

　스티브 잡스가 애플로 다시 돌아와 아이맥을 성공시키고 나서 일이다. 그는 소프트웨어의 제작을 어도비Adobe에 의뢰했다. 하지만 어도비는 거절했다. 이에 자극을 받은 스티브 잡스는 자력으로 하기로 마음먹었다. 그는 직원들에게 자신의 생각을 말했고, 이에 자극을 받은 담당 직원들은 마침내 해냈다. 그렇게 해서 출시된 제품이 '아이포토'와 '아이무비'이다. 이로써 애플은 더욱 진화를 거듭하며 새롭게 변화를 꾀할 수 있었다. 여기서 중요한 사실을 발견하게 된다. 어도비에게 거절당한 스티브 잡스는 '당신들이 아니라도 나는 충분히 할 수 있어. 나는 마음먹으면 분명히 해낼 수 있으니까. 당신들은 오늘 나에게 실수를 한 거야.' 이런 생각에 사로잡혔다. 그리고 그는 이런 자신의 생각대로 실천에 옮겼고 자기 확신대로 어도비의 코를 납작하게 해주었다.

"시작하기 전부터 성공을 예감하라. 승자라면 어떤 게임을 하든 성공할 것이라는 기대를 갖고 시작한다. '하고 싶지만 할 수 있을지 모르겠어.'가 아니라 '하고 싶고 할 수 있어.'가 승자의 말이다."

미국의 저술가 데니스 웨이틀리의 말이다. 웨이틀리의 말은 무슨 일을 시작할 때 성공할 수 있다는 확신을 가지라는 말이다. 그래야 성공을 이뤄낼 수 있다는 말이다. 스티브 잡스는 웨이틀리의 말대로 자신은 반드시 성공할 수 있다는 확신을 갖고 실행함으로써 성공을 이뤄낸 것이다. 스티브 잡스의 확신은 많은 사람들에게 당신도 나처럼 하면 성공할 수 있다는 확신을 심어주었다. 그리고 많은 사람들이 그에게 열광하게 했다.

사람들은 자기 확신이 강한 사람에게 매력을 느낀다. 그런 사람은 의지가 강하고 신념이 강해 알아두면 좋을 인적자산으로 여긴다. 그래서 그와 소통하기를 원한다. 성공적인 삶을 살았던 대개의 사람들은 자기 확신이 강했으며 자기애 또한 강했음을 알 수 있다. 성공적인 인생은 운이 좋아서 그냥 만들어지는 것이 아니다. 운도 좋아야 하지만 근본적인 것 즉, 자기 확신이 강해야 신념과 의지 또한 강하기 때문이다.

🗨 자기 확신을 강화하는 3가지

● 무엇을 하기 전에 나는 반드시 할 수 있다고 자신과 약속을 하라. 자신

과의 약속은 자신의 마인드를 강하게 끌어올린다. 그리고 그 일에 최선을 다하게 한다. 자신에게 믿음을 주는 것이야말로 자신에게 확신을 심어주는 최선의 비법이다.

- 내가 아니면 이 일을 대신 해줄 사람은 없다고 믿어라. 오직 자신만이 할 수 있는 일이라고 생각하라. 그러면 남에게 의존하고 싶은 생각을 떨쳐버리게 된다. 남에게 의존해서 잘된다고 해도 참기쁨을 누릴 수 없다. 자신에게 떳떳하지 못하기 때문이다. 자신에게 떳떳한 사람이 되어라.

- 자기 확신이 강한 사람은 소통 능력이 뛰어나다. 그런 사람에겐 사람들이 늘 붙게 마련이다. 자신에게 도움이 된다고 믿기 때문이다. 자기 확신은 성공을 부르는 승자의 외침과도 같다. 나는 잘 된다고 확신하라. 나는 반드시 성공할 수 있다고 확신하라.

당신은 스스로에게 나는 잘될 수 있다고 확신을 하는가? 어떤 일을 시작할 때 그 일을 성공적으로 해낼 수 있다고 확신하고 일을 시작하는가? 그렇다면 당신은 성공할 수 있는 확률이 그만큼 높다. 그러나 그렇지 않다면 당신은 충분히 할 수 있는 일도 놓치게 된다.

자기 확신은 자기 최면과도 같다. '나는 잘될 수 있어. 나는 성공할 수 있어. 나는 내 인생의 주인공이 될 수 있어.'라고 끊임없이 자신에게 속삭여라. 그러는 가운데 자기 암시가 되고, 이러한 암시는 곧 자신의 능력을 극대화시킨다.

"당신 자신을 믿어라. 당신의 능력을 신뢰하라. 당신의 능력에 대해 겸허하면서도 정당한 확신이 없으면, 성공할 수도, 행복해질 수도 없다."

자기계발 권위자이자 목사인 노먼 V. 피일 박사가 한 말로 자신을 믿고 신뢰한다는 것이 얼마나 중요한 것인지를 잘 알게 한다. 당신도 할 수 있다. 사람에게는 무한한 능력이 잠재되어 있다. 다만 그것을 하고 못하고는 능력의 문제가 아니라 자신의 잠재된 능력을 일깨우는 것이다. 그것은 곧 자기 확신을 갖는 것으로써 그렇게 될 때 자신을 성공적으로 이끌게 됨은 물론 인간관계에서도 우위를 점하게 된다. 당신 주변에 당신과 소통을 원하는 사람들로 가득 차게 될 테니까. 스티브 잡스가 그랬듯이 자기 확신은 소통의 중요한 매개체가 됨을 기억하라.

셋째, 뛰어난 설득력으로 어필했다

상대를 내 생각 안으로 끌고 들어와 내 생각에 공감하게 하고 동조하게 하기 위해서는 상대의 마음을 사로잡아야 한다. 상대를 사로잡기 위해서 필요한 것은 바로 설득이다. 설득을 잘하느냐 못하느냐에 따라 상대를 설득할 수도 있고, 도리어 설득당할 수도 있다.

스티브 잡스는 설득력이 매우 뛰어났다. 설득력이 좋다는 것은 기업가인 그에겐 큰 자산과도 같았다. 기업가에게 있어 설득력이 중요한 이유는 자기 회사 제품을 팔기 위해서는 소비자를 설득시킬 수 있어야 하기 때문이다. 그렇지 않으면 기업을 운영하는 데 있어 어려움이 따를 수도 있다.

애플이 어려움에 처하자 경영자측은 스티브 잡스의 넥스트 인수에 관심을 갖고 있었다. 이 소식을 듣고 스티브 잡스는 애플의 경영자인 길 아멜리오를 찾아갔다. 그리고 그를 설득하기 시작했다.

"애플이 넥스트에 대해 관심을 갖고 있다고 들었습니다. 소프트웨어만 사도 좋지만, 이왕이며 화사 전체를 사고 싶을 것입니다. 우리 회사엔 실력자들이 많습니다. 그것만으로도 애플은 큰 힘을 얻게 될 것입니다. 어떻습니까? 우리 회시를 매입하시겠습니까? 선택은 오직 회장님이 하는 거니까요."

그의 말을 듣고 길 아멜리오는 곰곰이 생각했다. 새로운 프로그램을 개발하느라 비용을 들이지 않아도 된다는 이점과 이미 잘 만들어진 컴퓨터를 잘 보완해서 팔면 된다는 생각이 그의 마음을 움직였다. 그 결과 애플은 넥스트를 인수했다. 스티브 잡스의 강한 어필은 길 갈아멜리오의 마음을 움직이게 하는 데 아주 효과적으로 작용했던 것이다. 이 일로 스티브 잡스는 자신을 추방한 애플의

CEO로 복귀했으며, 그때부터 본격적으로 그동안 꿈꿔왔던 경영전략을 펼치며 애플을 세계 최고의 기업으로 올려놓았다. 어느 누구도 할 수 없는 일을 그가 해낸 것이다. 만일 스티브 잡스가 길 아멜리오를 설득하지 못했다면, 애플의 역사도 사라졌을지도 모른다. 그러나 스티브 잡스는 뛰어난 설득력으로 자신이 원하는 것은 손에 쥘 수 있었다.

"우리 모두는 '나'라는 기업의 대표이다. 오늘날 비즈니스 세계에서 살아남기 위해 가장 중요한 일은 스스로 '나'라는 브랜드의 마케팅 책임자가 되는 것이다. 그러기 위해서는 무엇보다 설득의 힘을 길러야 한다."

미국의 경영학자이자 경영컨설턴트인 톰 피터스가 한 말로 매우 일리 있는 말이라고 할 수 있다. 다양성이 요구되는 현대사회에서 '나'는 단순한 '나'가 아니라 나 자체가 곧 1인 기업일 수도 있고, 마케터일 수도 있기 때문이다. 자신의 가치를 사람들에게 인식시킴으로써 자신이 원하는 것을 얻기 위해서는 반드시 설득력을 갖추어야 한다.

설득을 잘하기 위해서는 여러 가지 설득의 수단이 필요하다. 상대에 따라 그 상대에게 잘 맞는 설득의 수단으로 어필을 하면 상대를 설득하는 데 큰 도움이 되기 때문이다.

💬 어필하는 설득력의 3가지

● 논리정연한 말로 상대를 설득하라. 상대가 논리적이고 합리적인 사람
  이라면 더더욱 논리에 맞게 근거를 제시하여 설득하면 설득하는 데
  매우 효과적이다. 사람은 누구나 분명한 것을 좋아하며 신뢰하기 때
  문이다.

● 몸짓 언어로 설득하라. 말을 유(流)창하게 잘 하지 못해도 평상시 몸가짐
  이 좋은 사람은 그 자체만으로도 효과적으로 설득할 수 있다. 언행일
  치言行一致라는 말은 이를 잘 말해준다. 말과 행동이 일치하면 굳이 많
  은 말이 필요치 않다. 행동으로 자신의 믿음을 심어주는 것, 이는 참
  좋은 설득의 기술이다.

● 책임감과 신뢰로 설득하라. 책임감이 강한 사람은 상대에게 믿음을
  준다. 믿음을 준다는 것은 상대가 나를 신뢰해도 되겠다는 마음의 결
  단을 이끌어 내는 데 매우 효과적이다. 자신에 대해 또 자신이 한 말과
  행동에 대해 책임을 다하는 것, 이보다 확실한 설득의 방법은 없다.

　　당신은 설득력이 뛰어난 사람인가? 그렇다면 당신은 당신의 원하
는 것을 손에 쥐는 데 매우 유리하다. 상대를 내 생각에 따르게 하는
수단으로써의 설득이라는 좋은 무기를 갖고 있기 때문이다. 그러나
당신이 설득력이 약하다면 문제는 달라진다. 설득력이 약하면 아무
리 좋은 직업, 좋은 학벌을 지녔다 하더라도 결코 설득을 하는 데 유

리하지 못하다. 설득력이 떨어지면 자신이 원하는 것을 얻는 데 불리하다. 이것이 바로 설득력을 갖춰야 할 가장 확실한 이유인 것이다.

설득력이 좋은 사람은 인간관계가 좋다. 소통이 잘 되기 때문인데, 설득은 소통에 있어 필수요소이다. 그런데 여기서 한 가지 생각할 것은 무리하게 상대를 설득하려는 것은 옳지 못하다. 부작용을 낳을 수 있기 때문인데 무리한 설득으로 인간관계가 단절되는 예가 많다. 이에 대해 네덜란드의 철학자 스피노자는 다음과 같이 말했다.

"당신의 의견이 옳다 하더라도 무리하게 남을 설득하려는 것은 현명하지 못하다. 모든 사람은 설득당하는 것을 싫어하기 때문이다."

스피노자의 말은 설득할 때의 취해야 할 자세에 대해 잘 보여준다.

스티브 잡스는 무리한 설득으로 상대를 불편하게 하거나 눈살을 찌푸리게 하지는 않았다. 그가 성공적인 인생이 될 수 있었던 것은 설득력이 좋았음에 있다. 그는 자신이 원하는 것을 얻기 위해 상대를 설득할 땐 상대가 반해 자신을 믿고 따르게 정성을 다했다.

당신 또한 당신의 인생을 풍요롭게 살고 싶을 것이다. 그렇다면 스티브 잡스의 설득 비법대로 실천해보라. 따라서 하기 힘들 수도 있다. 아니, 당연히 힘들 것이다. 그러나 당신을 위해서라면 반드시 그래야 한다.

스티브 잡스의
소통 비법 포인트

새로움을 추구하고 변화를 꾀하는 것은 사람들의 관심을 집중
시키기에 매우 적합하다. 이런 사람은 자신뿐만 아니라 사람
들의 삶에 긍정적인 영향을 미치기 때문이다. 스티브 잡스는
변화와 혁신을 추구함으로써 전 세계인들의 삶을 새롭게 변화
시킴으로써 절대적인 평가와 성원을 받았다.

스스로를 믿고 자기 확신이 강한 사람은 소통하는 데 있어 긍
정적이다. 플러스적인 인생관을 갖고 있어 소통을 하면 자신
에게 긍정적인 영향을 끼친다고 생각하기 때문이다. 스티브
잡스는 스스로를 믿는 자기 확신이 강했으며 성공적인 결과
를 냄으로써 많은 사람들로부터 열렬한 환영을 받았다.

인간관계에서 설득력이 좋은 사람이 소통도 잘한다. 이런 사
람은 막힘이 없고 생각이 활달하기 때문에 매사에 긍정적으

로 적용한다. 스티브 잡스는 뛰어난 설득력으로 어필함으로 써 소비자들과 긍정적으로 소통했다.

스티브 잡스의 탁월한 설득력은 '배우려는 자세'에서 나온다. 그의 아내 로렌은 살아생전 스티브 잡스가 '학습 기계'였다고 밝힐 정도였다. 그의 뛰어난 소통력과 사람들을 사로잡는 설득력은 변함없는 열정과 경영 스타일을 꾸준히 성숙시키며 우직하게 나아갔기에 얻을 수 있었던 것이다.

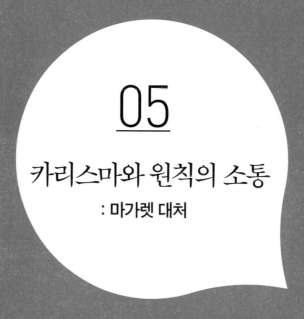

05

카리스마와 원칙의 소통

: 마가렛 대처

마가렛 대처 Margaret Hilda Thatcher, 1925~2013

3선을 연임한 영국 최초의 여성 총리이다. 옥스퍼드대학교 서머빌 칼리지에서 문학사와 이학사학위, 문학석사학위를 취득했다. 졸업 후에는 독학으로 공부해 변호사 자격을 취득했다. 무능한 공공기관에 대해 과감하게 민영화를 시도했으며, 교육 및 의료 등 공공 분야의 국고지원을 삭감하는 등 획기적인 정책을 실시했다. 그녀의 과감한 정책은 고질적인 문제를 단숨에 해결하며 침체되었던 영국 경제를 부흥시켰다. 1982년 대처는 영국의 지배하에 있던 아르헨티나 포클랜드 섬을 아르헨티나 갈티에리 대통령이 영토 회복을 위해 전쟁을 일으키자 대처는 즉각 군대를 보내 75일 만에 아르헨티나를 굴복시켰다. 전쟁의 승리로 대처는 영국 국민들에게 영국은 건재하다는 것을 알림으로써 국민들의 지지를 한 몸에 받으며 자신의 위상을 확고히 했다. 그녀는 대찬 개혁을 통해 '대처리즘'이란 신조어를 만들어 내며 경제개혁과 사회개혁을 이끌어내며 '철의 여인'이란 평판을 얻었다.

| 포기를 모르는 절대주의적 카리스마 |

영국의 역대 총리 가운데 최초로 3선을 연임한 마가렛 대처. 여성이지만 역대 그 어느 총리보다도 강인하고 철저했다. 당차고 의욕으로 가득 찼던 대처는 고대와 중세는 물론 근대, 현대에 이르는 세계정치사에서도 보기 드문 성공적인 여성 정치가이다.

그녀는 기나긴 공직 생활 끝에 1975년 여성으로서는 영국 최초로 보수당 당수가 되었다. 1979년 총선거에서는 보수당의 승리로 영국 최초의 여성 총리가 되는 영광을 품에 안았다. 여성이 집권 여당의 당수가 되고, 한 나라를 이끄는 통치자가 된다는 것은 쉽지 않은 일이다. 남자들과는 다른 여성으로서의 고충이 그만큼 더 많고 클 수밖에 없다. 그럼에도 그녀는 그 누구보다도 강했고, 자기관리에 철저함은 물론 공직자로서 품위를 잃지 않고 원칙적이고 모범적인 생활을 한 것으로도 유명하다. 그런 까닭에 사람들은 그녀를 철의 여인이라 부른다. 자신의 닉네임처럼 대처는 카리스마 넘치는 여성이었다. 그녀의 카리스마에 얽힌 일회가 있다. 대처가 집권 후 긴축재정을 실시할 때였다. 그녀는 영국 경제의 불황을 고질적인 노조 문제로 여기고 개혁의 바람을 일으키려 했지만, 주위의 많은 이들이 반대했다. 역대 총리들도 해내지 못한 힘든 일이라는 이유에서였다. 반대 의견을 듣고 나서 주위를 둘러본 뒤 그녀는 단호하게 말했다.

"지금까지는 하지 못했습니다. 그렇기 때문에 더더욱 해야 합니다. 이것이 나의 생각입니다."

당찬 그녀의 태도 앞에 누구도 더는 반대할 수 없었다. 그녀의 말이 맞는 말이었기 때문이다. 그녀는 반대파들을 굴복시키며 골칫거리였던 노조를 와해시키는 데 성공했고, 마침내 침체되었던 영국 경제를 부흥시켰다. 그녀의 품성을 잘 알게 하는 또 다른 일화를 보자.

1982년 아르헨티나와 벌인 포클랜드 전쟁 때 일이다. 당시 아르헨티나는 영국령인 포클랜드를 자국의 영토라고 주장하며 영국에게 도전장을 내밀었다.

"아르헨티나가 우리에게 도전을 했습니다. 우리의 강력한 힘을 보여 주어야 합니다. 지금 즉시 공격을 단행하십시오."

대처는 한 치의 망설임도 없이 공격 명령을 내렸다. 그녀의 예상대로 전쟁은 싱겁게 끝났다. 기세등등했던 아르헨티나가 꼬리를 내리고 항복한 것이다. 이 전쟁으로 대처는 국민들로부터 절대적인 지지와 신임을 얻었다. 대외적으로는 영국의 힘을 보여 주며 강력한 정치가로 부상하는 계기가 되었다. 그녀의 통찰력은 정책 수립에서도 빛을 발했다. 그녀는 국가 예산에 손실만 끼치는 무능한 공공기관에 대해 과감하게 민영화를 시도했다. 교육 및 의료 등 공공분야의 국고지원을 삭감하는 등 획기적인 정책을 실시했다. 그녀의 과감한 정책은 고질적인 문제를 단숨에 해결하며 성공적으로 매듭지었다. 그녀는 대찬 개혁을 통해 '대처리즘'이란 신조어를 만들어내며 철의 여인이라는 별칭을 얻었다. 그녀가 정부에 산적해 있는 수많은 일들을 처리하며 국가의 안정을 도모했을 때, 아르헨티나와 벌인 포클랜드 전쟁에서 승리했을 때, 영국 국민은 대처를 연호하며 사랑과 존경을 표했다.

"나는 1센티미터만 전진하려고 해도 싸워야 했다."

대처의 신념과 의지를 함축적으로 담고 있는 말이다. 대처는 자신을 가로막는 장애물 앞에서 쉽게 물러서는 법이 없을 만큼 강력했지만 기개와 통찰력이 뛰어난 정치가였다.

| 대처의 소통 비법 특징적 요소 |

대처는 근대 정치사는 물론 현대 정치사에서도 손꼽히는 뛰어난 리더였다. 그 어떤 남성 통치자보다도 두둑한 배짱과 뛰어난 통찰력, 풍부한 식견과 포기를 모르는 긍정주의를 넘어 절대주의를 갖춘 강력한 리더였다.

대처는 철의 여인답게 어떤 문제에 있어서도 늘 당당했고, 머뭇거리거나 포기하지 않았다. 그녀는 언제나 자신감에 넘치는 모습으로 사람들을 대했으며, 자신이 한 번 마음먹은 것은 그 어떤 반대도 뿌리치고 반드시 성사시킴으로써 자신의 입지를 더욱 확고히 했다. 특히, 그녀는 기개氣槪가 뛰어나고 포기를 모르는 절대주의자였다. 이 점에 있어서는 세계사적 관점에서 볼 때 그 어느 시대, 그 어느 통치자보다도 우수했다. 그녀가 철의 여인이라 불리는 것은 마땅한 일이다.

"장기적인 목표를 설정하고, 그 목표를 이루기 위해 어떤 어려움에도 굴하지 않고, 자신이 세운 목표를 향해 꿋꿋하게 나아가는 것, 이것이 바로 기개이다."

심리학자인 안젤라 리 덕워스가 한 말로 기개에 대한 심리학적 고찰에 의한 새로운 개념이라고 할 수 있다. 그렇다면 본래의 기개란 무엇인가. 기개의 사전적 의미는 '씩씩한 기상과 꿋꿋한 절개'이다. 그런데 안젤라 리 덕워스 기개를 성공하기 위해 갖춰야 할 성공의 마인드라고 본 것이다. 기개는 예부터 뛰어난 문무백관이나 기상이 넘치는 장군에게 쓰는 말이었으나, 안젤라 리 덕워스는 심리학자답게 기개를 현대적 관점으로 재해석한 것으로 볼 수 있다.

현대인들은 누구나 성공을 간절히 바란다. 그런데 성공은 아무나 할 수 있지 않다. 성공하기 위한 조건을 갖춰야 한다. 그런데 그 조건들을 뒷받침하는 강력한 성공조건을 기개로 본 것이다. 대처는 기개가 뛰어난 당찬 여성이다. 그녀의 앞에서 그 어떤 남자 관료들이나 정치가들도 반론을 제기할 수 없을 만큼 기개와 카리스마가 넘쳤다. 당시 영국 정부가 골머리를 앓고 있던 고질적인 노조 문제를 개혁하고 경제 불황에 허덕이는 영국 경제를 일으켜 세우고, 아르헨티나와의 전쟁에서 승리한 것은 그녀의 기개와 카리스마 넘치는 리더십의 힘이었다.

그녀는 뛰어난 기개와 통찰력으로 강력한 영국을 이끌었던 절대주의의 통치자이다. 이러한 그녀의 지도력은 정치가와 국민들과 소통하는 데 믿음과 신뢰를 주었으며, 국민들의 지지에 힘입어 성공적으로 정책을 수행했다. 그녀의 소통의 특징은 단적으로 말해 카리스마와 원칙의 소통이라고 할 수 있다. 다음은 대처의 소통 비법 특징적 요소이다.

첫째, 풍부한 식견과 뛰어난 통찰력을 지녔다

상대와 소통하는 데 있어 풍부한 식견은 큰 도움이 된다. 다양한 분야에서 많은 지식을 갖고 있다면, 상대와의 대화에서 상황에 맞게 적용시킴으로써 상대를 압도하며 자신의 뜻을 관철시킬 수 있다.

많이 안다는 것은 무엇인기. 그것은 깊이 있게 통찰할 수 있는 여력이 충분함을 뜻한다. 식견이 풍부하면 다양한 분야에서 다양한 '앎'에 대해 깊이 있게 생각하게 되고, 그것을 통해 다양성을 배우게 됨으로써 사람들의 이야기에 귀를 열어놓고 들으려고 한다. 식견이 풍부한 사람일수록 자기만의 고집을 앞세우지 않는다. 다른 사람의 말에도 귀를 기울이고, 좋은 것은 받아들이고 그렇지 않은 것에 대해서는 단호하게 거부한다.

대처는 '철의 여인'이라는 닉네임처럼 강직함의 대명사로 불린다. 그러나 그녀의 강직함은 풍부한 식견과 통찰력을 통해 자신이 옳다는 것에 대해서는 망설임 없이 작동한다. 그녀의 풍부한 식견은 '배움'을 통해 길러졌다. 그녀는 대단히 학구적이어서 옥스퍼드대학교 서머빌 칼리지에서 문학사와 이학사 그리고 문학석사 학위를 취득했다. 졸업 후에는 독학으로 공부해 변호사 자격을 취득했다.

'배움이 깊어짐에 따라 우리는 다양한 가능성과 가치를 깊이 있게 터득하게 된다. 그렇기 때문에 바르게 배운 사람일수록 자신만이 옳다고 생각하지 않는다. 배움이 깊을수록 완고해지지 않는 것이다. 달리 말해, 완고한 사람이란 제대로 배우지 못한 사람이다.'

이는 《논어》에 나오는 말로, 올바른 배움의 가치에 대해 잘 알게한다. 즉, 바르게 배운 사람은 완고하지 않다는 말이다.

이는 무엇을 의미하는가. 제대로 배운 사람은 어떤 문제에 대해논쟁을 할 때 자신의 뜻을 관철시키기 위해 '벽이 문이다'라는 식으로 주장하지 않는다는 것이다. 자신이 반드시 실행할 수 있고, 반대를 무릅쓰고라도 실행되어야 할 것엔 그 어떤 일이 있어도 추진함을 의미한다. 대처는 자신이 반드시 추진해야 할 정책은 반드시 실행에 옮겼다. 그것은 완고함이 아니라, 강직함에 따른 것이었다. 그녀가 완고함을 내세웠다면 영국의 정치사는 지금과 다른 길을 가고 있을지도 모른다. 대처가 아르헨티나와 포클랜드 전쟁을 벌일때 명목상이지만 엘리자베스 여왕의 승인을 받을 때 일이다.

"앤드류 왕자가 전투기 조종사로 전쟁에 참가하기에 부모로서매우 걱정스럽습니다."

엘리자베스 여왕은 대처에게 이렇게 말했다. 그러자 대처는 엷은미소를 지며 말했다.

"폐하, 폐하께서 걱정하는 일은 없을 것입니다. 우리는 반드시 승리를 할 것입니다."

온화한 미소를 띤 채 전쟁에서 이길 수 있는 전략에 대해 풍부한 식견을 곁들인 설명과 자신감 넘치는 대처의 말에 엘리자베스 여왕도 미소를 지며 안심했다고 한다. 대처의 깊이 있는 통찰력은 선천적인 것이지만 그녀의 학구적인 식견에 기인한다. 많이 읽고, 생각하고, 쓰다 보면 통찰력이 길러지고 논리력이 길러진다. 그렇게 꾸준히 공부하는 가운데 통찰력은 깊이를 더하게 된다. 통찰력은 어떤 일을 하는 데 있어 매우 중요하다. 통찰력이 깊으면 깊을수록 직관력도 더 확실해지고, 사물에 대한 관점을 보는 눈이 좋아짐은 물론 일의 진행에 있어서도 명쾌성을 확보할 수 있다. 깊이 있는 통찰력은 앞을 내다보는 눈을 갖게 하고, 자신이 원하는 것을 얻을 수 있도록 큰 힘이 되어주는 까닭이다.

"빠른 결정을 내릴 때에는 직관을 적절히 훈련함으로써 머리가 아니라 가슴이 지휘하도록 해야 할 것이다."

이는 독일 시사주간지인 〈슈피겔〉지의 과학 전문기자이자 《통찰력》의 저자인 게랄드 트라우페터가 한 말로 통찰력의 중요성을 함축적으로 잘 보여준다. 통찰력은 이성과는 상대적인 것으로 이성이 논리에 의한 것이라면, 통찰력은 직관적인 것으로 '순간의 번뜩임'이라고 말할 수 있다. 즉, 빠른 판단이 필요할 때 통찰력은 아주 주효하다. 그래서 위대한 통치자들에게서 볼 수 있는 가장 뚜렷한 특징 가운데 하나가 깊이 있는 통찰력이다. 자신과 상대가 누가 더 빠른 통찰력으로 결정하느냐에 따라 승패는 갈리는 것이다.

대처의 통찰력은 정평이 나있다. 그녀가 그때그때 결정하는 것들은 그녀의 통찰력에서 오는 것이다. 이러한 통찰력은 대처가 국민들과 소통하는 데 있어 크게 작용했을 뿐만 아니라 정치가들과 또한 동맹 국가들과도 소통하는 데 큰 장점으로 작용함으로써 자신의 목적을 이룰 수 있었다.

💬 풍부한 식견과 뛰어난 통찰력을 기르는 3가지

● 풍부한 식견을 갖기 위해서는 다양한 분야의 책을 많이 읽어야 한다. 읽게 되면 생각하게 되고, 느끼게 되고, 지금의 자신을 돌아보게 된다. 그리고 현실을 보는 안목이 길러진다. 책은 말없이 가르침을 주는 가장 훌륭한 스승이다. 이처럼 참 좋은 스승인 책을 곁에 두고 식견을 키워야 한다.

● 뉴스와 신문을 통해 그날그날 돌아가는 일들을 바로바로 캐치하라. 그러면 생각하게 될 것이다. 무엇이 옳고, 무엇이 그른가를. 또한 시대에 부응하기 위해 나는 무엇을 해야 하는지도 알게 될 것이다. 다만 보다 더 중요한 것은 내가 해야 할 것을 실행에 옮기는 것이다.

● 자신이 생각하고 느끼고 경험한 것을 글로 써보라. 아무리 말을 유창하게 잘하는 사람도 자신이 한 말 그대로 글로 쓰라고 하면 잘 쓰지 못한다. 이는 무엇을 말하는가. 말과 글은 그 구조부터가 다르기 때문이다. 말은 입으로 하는 것이지만, 글은 입에서 나오는 말을 문자로 옮기는 것이다. 그러니 글로 쓰기 위해서는 글쓰기 연습이 필수이다.

당신이 풍부한 식견과 뛰어난 통찰력을 기르기 위해서는 이 세 가지 방법을 꾸준히 실천해보라. 풍부한 식견은 물론 깊이 있는 통찰력을 기르게 되고, 글쓰기 실력까지 덤으로 얻게 될 것이다. 풍부한 식견과 뛰어난 통찰력을 갖게 되면 그 누구와도 소통하는 데 무리가 없다. 상대방과 대화에서 막힘이 없다는 것은 또 나아가 상대를 압도한다는 것은 그 자체만으로도 상대는 당신을 실력자라고 믿어 당신과의 관계를 지속시키길 바라게 된다.

왜 그럴까? 자신에게 많은 도움이 된다고 믿기 때문이다. 이런 이유로 사람은 누구나 자신보다 나은 사람과 교류함으로써 소통하기를 바란다. 많은 사람이 당신을 따르게 되면 결국 그것은 당신을 위하는 일이 된다. 당신 또한 그들을 통해 당신이 원하는 것은 무형이든 유형의 것이든 취하게 되기 때문이다. 당신은 당신의 식견과 통찰력에 대해 스스로를 잘 알 것이다. 자신이 생각하기에 부족하다 싶으면 식견을 넓힘으로써 통찰력을 길러라. 그것이 당신의 라이프맵Life Map을 크게 확장시키는 데 큰 힘이 되어줄 것이다.

둘째, 신념에 따른 원칙을 지켰다

신념과 원칙이 확고한 사람은 사람들에게 믿음과 신뢰를 준다. 특히, 원칙을 잘 지키면 더욱 신뢰를 받게 된다. 이는 곧 사람들과의 소통을 자연스럽게 이어가게 하는 원동력이 되기 때문이다. 대처는 신념과 원칙이 매우 철저하기로 유명하다. 그녀는 공과 사를 분명히 하는 것으로 정평이 나있을 정도다. 그녀는 총리로서 근무할 때는 총리에 맞게 자신을 맞추고, 집에 돌아와서는 주부로서 직접 식사를 준비하고 빨래를 하는 등 보통 주부로 지냈다. 일국의 총리는 '만인지상일인지하萬人之上一人之下'로 막강한 권력을 지닌다. 그런데도 대처는 사람을 부리지 않고 직무를 끝내면 자신이 모든 걸 했다. 이는 그녀가 정한 원칙으로서 그 원칙에 맞게 실천했던 것이다. 공과 사를 엄격히 하는 그녀로서는 정책을 수행함에 있어서는 더욱 엄격했다. 원칙을 지키지 않으면 일관성 있게 정책을 수행하지 못한다는 것을 잘 알았던 것이다.

"대처 전 총리는 진심만 말했고, 한 번 말한 것은 반드시 실행에 옮겼다."

영국 좌파 성향의 노동당 당수인 토니 벤의 대처에 대한 평가다. 토니 벤의 말에서 보면 대처가 철저한 원칙주의자라는 걸 알 수 있다. 원칙의 중요성을 잘 알면서도 이를 잘 지키지 못하는 사람들이 참 많다. 이는 무엇을 말하는가. 원칙을 지킨다는 것이 그만큼 쉽지 않기 때문이다. 그런데 분명한 사실은 자신이 무엇을 하든 원하는 것을 얻기 위해서는 반드시 원칙을 지켜야 한다는 것이다.

대처가 존경받는 명정치가가 될 수 있었던 것은 바로 '원칙의 힘'이었다. 원칙의 힘은 사람들이 생각할 수 없을 만큼 힘이 세다. 원칙의 힘을 잘 알았던 대처는 그 어떤 상황에서도 원칙은 지켜져야한다고 말했다.

왜 그랬을까? 그녀의 말이 옳다는 것을 잘 알았던 것이다. 만일 그렇지 않았다면 반론과 제기로 인해 그녀는 정책을 성공적으로 수행하지 못했을 것이다. 대처는 자신이 한 번 정한 정책은 무슨 일이 있어도 반드시 해냈다.

💬 신념에 따른 대처의 5가지 원칙

- 공산주의를 배격한다(공산주의에 대한 그녀의 경계심은 매우 컸다).
- 신자유주의에 대한 사회개혁과 경제개혁을 추구한다.
- 일관성 있게 일을 추진한다.
- 정의감을 지킨다.
- 한 번 결정한 사안에 대해서는 반드시 실행한다.

대처는 자신이 세운 원칙에 따라 철저히 자신의 정책을 실행해 나갔다. 그 결과 그녀는 자신이 원하는 것을 모두 이뤄냄으로써 국민들의 존경과 신뢰를 받았다. 물론 반대하는 세력으로부터는 '마녀'라는 모진 소리도 들었다. 하지만 그녀는 자신의 신념과 원칙의 끈을 놓지 않았다. 그녀의 원칙은 국민들에게 깊음 신뢰감을 주었다. 이는 자연스럽게 국민들과의 소통으로 이어졌고, 대처와 국민들 간에는 유대감에 따른 공감이 이뤄졌던 것이다. 모든 권력은 국민에게서 나온다는 말은 이런 경우를 두고 하는 말이다.

💬 신념에 따른 원칙을 지키는 3가지

- 한 번 정한 원칙은 반드시 지켜야 한다. 지켰다, 안 지켰다 하면 좋은 성과를 내기 어렵다. 일관성 있는 원칙은 가장 기본적이면서도 최선의 성공 요소이다.
- 의지가 강한 사람이 상대에게 믿음을 주듯, 강한 의지에 따른 신념은 상대를 설득하는 데 매우 효과적이다. 아무리 힘든 일도 포기하지 말고 끝까지 하는 습관을 들여라.
- 마인드를 강하게 단련시켜야 한다. 강한 마인드는 의지를 굳게 하고 신념을 강화시킨다. 아무리 어려운 일도 의지가 굳고, 신념이 강하면 반드시 극복함으로써, 자신이 원하는 것을 이뤄낼 수 있다.

당신이 인간관계를 돈독하게 하고 싶다면 신념에 따른 원칙을 지키는 세 가지 방법을 길러 습관화하라. 처음 얼마간은 힘이 들 것이다. 그러나 그럼에도 끝까지 하다 보면 자신도 모르는 사이 몸에 배게 된다. 몸에 밴 신념은 절대 몸과 마음을 떠나지 않는다.

"우리의 마음은 우리가 가진 가장 귀중한 소유물이다. 우리의 삶의 질은 이 값진 선물을 얼마나 잘 계발하고 훈련시키고 활용하느냐에 따라 달라진다."

이는 미국의 성공전략 전문가인 브라이언 트레이시의 말이다. 트레이시의 말은 우리에게 뜻하는 바가 매우 크다. 마음가짐의 중요성을 너무도 잘 지적했기 때문이다. 이 말에 핵심은 곧 신념을 의미한다.

당신은 스스로를 어떤 사람이라고 생각하는가? 신념이 강한 사람인가, 아니면 신념이 약한 사람이라고 생각하는가? 당신이 신념이 강하다면 앞에 제시한 신념에 따른 원칙을 지키는 세 가지 방법을 잘 실행할 수 있을 것이다. 그러나 그렇지 않다면 신념을 강하게 단련시켜야 한다. 그렇게 될 때 당신은 사람들과의 소통을 보다 효율적으로 해나감으로써 당신이 바라는 것을 얻게 될 것이다.

셋째, 강인한 기개와 카리스마로 소통했다

인간관계에 있어 상대방을 사로잡는 가장 확실한 방법 중 하나가 상대에게 강인한 이미지를 심어주는 것이다. 씩씩하고 늠름한 기상이 서려 있는 모습은 카리스마를 느끼기에 충분하다. 그렇다면 왜 사람들은 기개가 넘치고 카리스마가 넘치는 사람을 믿고 신뢰를 하는 걸까? 그것은 씩씩한 기상과 절개에서 뿜어져 나오는 강력한 에너지가 상대에게 '저 사람은 무엇을 해도 잘해낼 거야.'라는 확신을 갖게 하기 때문이다.

대처는 기개와 카리스마가 실로 대단했다. 이런 그녀의 강인함은 국내에만 머무는 것이 아니라 대외적으로도 그 영향이 막강했다.

"러시아는 세계를 지배하려고 온갖 노력을 기울이고 있습니다. 그들은 세계가 지금까지 본 가장 강한 제국주의가 될 온갖 수단을 동원하여 힘을 쏟고 있습니다. 소비에트의 정치국의 간부들은 대중의 여론에는 걱정도 하지 않습니다. 우리가 총보다 먼저 다른 것을 추구하는 동안 저들은 우유와 버터보다 총을 앞세웁니다."

이는 대처가 총리 취임 때 한 연설문의 일부로 공산화를 꾀하려는 러시아에 대한 강력한 경고성 발언이다. 이 말엔 공산주의에 대한 불편한 심기가 그녀의 강인한 의지와 신념에 빗대어 나타나 있음을 알 수 있다.

대처의 연설에 대해 러시아는 격한 반응을 보이며 그녀를 비난했다. 그 후 그녀는 세계적으로 철의 여인으로 불렸다. 그녀는 '철의 여인'이란 자신의 닉네임에 대해 매우 만족해했다고 한다. 대처의 기개와 카리스마 넘치는 일화에 대해 살펴보는 것도 그녀에 대해 좀 더 이해할 수 있는데 도움이 되리라 생각한다.

탄광노조가 파업을 하자 대처는 15개의 광산을 제외한 모든 광산을 폐쇄했다. 파업에 참여하지 않고 출근하던 데이비드 윌리엄스를 태우고 가던 택시 기사 데이비드 윌키를 살해한 두 사람의 노조원에게 종신형을 선고했다.

광부노조는 1년간 파업을 했지만 대처 총리에게 굴복했다. 또, 아일랜드의 분리주의자들이 동료 정치범들을 석방하고 그들의 자치권을 요구하며 단식 투쟁에 돌입했을 때 대처 총리는 그들의 압력에 눈 하나 까딱하지 않았다. 아홉 명이나 굶어 죽었지만 대처는 굴복하지 않았다. 결국 아일랜드의 소요는 무마되었으며 그녀의 통치하에 들면서 안정을 되찾았다.

한 가지 더 보기로 하자. 1982년 대처는 영국의 지배하에 있던 아르헨티나 포클랜드 섬을 아르헨티나 갈티에리 대통령이 영토회복을 위해 전쟁을 일으켰다. 영국이 본토로부터 1만 3천 킬로미터나 떨어진 포클랜드를 위해 막대한 비용을 들여가며 군대를 보내지 않을 거라는 생각에서였다. 하지만 그의 생각은 빗나가고 말았다. 대처는 즉각 군대를 보내 전쟁에 맞섰다. 그리고 75일 만에 아르헨티나를 굴복시켰다.

전쟁의 승리로 대처는 영국 국민들에게 영국은 건재하다는 것을 알림으로써 국민들의 지지를 한 몸에 받으며 자신의 위상을 확고히 했다. 그리고 대처는 국가 예산에 손실만 끼치는 무능한 공공기관에 대해 과감하게 민영화를 시도했다. 또한 교육 및 의료 등 공공 분야의 국고지원을 삭감하는 등 획기적인 정책을 실시했다. 그녀의 과감한 정책은 고질적인 문제를 단숨에 해결하며 성공적으로 매듭지었다. 그녀는 대찬 개혁을 통해 '대처리즘'이란 신조어를 만들어내며 경제개혁과 사회개혁을 이끌어내며 영국 총리로는 최초로 3선 연임총리가 되는 기록을 남겼다.

💬 강인한 기개와 카리스마로 소통하는 3가지

- 상대에게 믿음을 얻기 위해서는 절대 나약한 모습을 보여서는 안 된다. 나약한 사람은 상대에게 부정적인 이미지를 준다. 상대에게 믿음을 주기 위해서는 강인한 이미지를 심어주어야 한다.

- 자신이 생각하기에 의지가 약하고 끈기가 부족하다면 의지와 끈기를 길러야 한다. 의지가 박약하고 끈기가 부족한 사람은 절대로 믿음을 줄 수 없으므로 신뢰를 받을 수 없다.

- 강인한 정신은 강인한 체력과 올곧은 마음에서 온다. 건강을 위해 체력을 기르고, 꿋꿋한 마음을 기르기 위해서는 사색과 독서로 정신력을 강화하라. 심신이 건강하면 강인한 정신력을 지님으로써 상대에게 좋은 이미지를 줄 수 있다.

만일 당신이 상대와 소통하는 데 있어 자신감이 없다면, 절대로 상대에게 믿음을 줄 수 없다. 당신에게 자신감이 없다는 것은 의지의 문제임으로 상대는 그런 당신에게 전혀 신뢰가 가지 않을 것이기 때문이다. 당신이 상대와 소통함으로써 원하는 것을 얻기 위해서는 자신감을 키워야 한다. 그러기 위해서는 강인한 기개와 카리스마로 소통하는 3가지를 반드시 숙지하고 실천하여 스스로를 강건하게 하고 강한 품성을 길러야 한다. 그 어떤 상황에서도 흔들리지 않는 강인한 기개와 카리스마가 있다면 당신은 어디를 가더라도, 상대가 누구든 그와 소통함으로써 당신이 원하는 것을 취할 수 있을 것이다.

"만약 당신이 영국같이 강력하며, 좋을 때나 나쁠 때나 세계사에서 지도적 역할을 해왔으며, 항상 믿음직한 나라를 지도하고 싶다면, 당신에게는 강철 같은 심성이 있어야 합니다."

대처의 이 말엔 그녀의 강인한 기개와 카리스마가 넘쳐흐름을 알 수 있다. 그녀의 기개와 카리스마는 엘리자베스 여왕에게는 깊은 믿음을 심어주었으며, 영국 국민에게는 자신을 신뢰해도 좋다는 강한 확신을 심어줌으로써 자신의 정책에 대해 지지를 구했으며, 영국 정치사에 한 획을 긋는 위대한 인물이 되었다.

소통하는 데 있어 풍부한 식견과 통찰력은 상대에게 좋은 이미지를 심어준다. 그런 사람은 배울 점이 많고 자신에게 도움이 된다고 믿기 때문이다. 마가렛 대처는 학구파로써 풍부한 식견과 뛰어난 통찰력을 지녔다.

원칙이 있는 사람은 매사를 허투루 하는 법이 없다. 모든 것을 신중하게 생각하며 원칙에 맞게 실행함으로써 좋은 결과를 얻는다. 이런 사람은 생산적이어서 사람들에게 좋은 이미지를 준다. 마가렛 대처는 신념에 따른 원칙을 지킴으로써 국민들과 긍정적으로 소통했다.

기개가 높고 카리스마가 뛰어난 사람은 상대에게 믿음과 신뢰를 준다. 믿음과 신뢰를 주는 사람은 소통하는 데 매우 유리하다. 마가렛 대처는 강인한 기개와 카리스마로 국민들의 지지를 이끌어내며 막힘없이 소통했다.

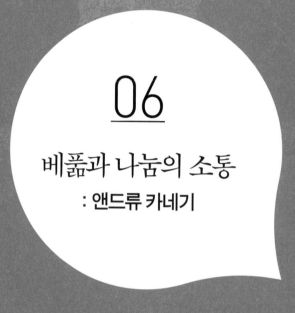

06

베풂과 나눔의 소통

: 앤드류 카네기

앤드류 카네기 Andrew Carnegie, 1835~1919

미국 철강회사의 창업주이자 자선사업가로 미국의 기부문화를 주도한 기부문화 1세대이다. 꿈을 안고 스코틀랜드에서 미국으로 이주한 이민자의 아들로 어린 시절부터 방직공장, 전보배달원, 전신기사로 일했다. 그러던 중 제강법에 대해 꿈을 키우게 되었고, 세계 최고의 철강회사를 창립하여 세계적인 부호가 되었다. 그가 성공할 수 있었던 것은 성실성과 근면성, 사람들을 칭찬하고 격려하는 참 좋은 마인드에 있다. 그가 사람들로부터 존경받는 성공적인 인물이 될 수 있었던 것은 이외에도 자신의 재산을 기부함으로써 기업의 사회적인 책임을 보여주었기 때문이다. 그는 죽어서도 이름을 빛내는 가장 성공적인 인물 중 하나이다.

| 자수성가한 베풂과 나눔의 자선가 |

　카네기는 1835년 스코틀랜드에서 가난한 수직공의 아들로 태어났다. 가난을 운명처럼 안고 태어난 카네기는 학교를 다니는 대신 어려서부터 가족을 돕기 위해 일을 해야만 했다. 그의 아버지는 가난을 극복하기 위해 카네기가 13살 되던 해 미국으로 이민을 갔다. 그들이 정착한 곳은 펜실베이니아 피츠버그였다. 카네기는 그곳에서 방적공장을 다녔는데, 어린 그에게 방적공의 일은 너무 고되고 힘든 일이었지만 그는 인내와 끈기로 그 힘든 일을 참아냈다. 그 후 피츠버그 전신회사에 전보배달원이 되었다. 그는 틈틈이 책을 읽으며 지식을 습득했다. 카네기의 열정에 감동한 전신회사의 앤더슨 대령은 그가 책을 자유롭게 읽을 수 있게 자신의 독서실 이용을 허락해 주었다.

독학을 하며 전신 지식을 쌓은 카네기에게 운명 같은 사건이 일어났다. 전신기사가 없는 사이에 온 전신을 카네기가 수신했는데, 이 일을 알게 된 지배인은 그를 단번에 전신기사로 임명했다. 그리고 얼마 있지 않아 오하이오 전신회사에 고용되었는데 이때부터 그에게 성공으로 가는 길이 열리기 시작했다. 거기서 카네기는 철도 관계 지배인인 토마스 스콧에게 철도 전신기사로 발탁되었다. 그런데 또 그에게 운명 같은 일이 벌어졌다. 스콧 지배인이 외출 중이었는데 중대한 사건이 발생했다. 어느 한 역에서 열차 충돌사고가 일어났는데, 그 일로 각 열차의 발착 시간을 변경하지 않으면 안 될 중대한 일이었다. 카네기는 차후에 일은 자신이 책임질 각오를 하고, 각 역에 타전을 쳤다. 다행히 사고 없이 잘 마무리되었다. 나중에 이 일을 알고 스콧 지배인은 카네기를 크게 칭찬하며 말했다.

"자네의 신속한 조치는 회사와 나를 살려주었네. 나는 자네의 그 용단에 대해 아무 책임도 묻지 않겠네. 그리고 나는 자네를 내 비서로 임명하겠네."

카네기는 스콧의 비서로 일하면서 많은 정보를 입수할 수 있었다. 그가 발견한 새로운 정보는 앞으로 제강업계가 크게 성장할 거라는 정보였다. 카네기는 제강에 대한 공부를 위해 영국으로 갔다. 그는 영국에서 화학적인 벳세마 제강법을 연구하고 미국으로 돌아와 제강소를 설립했다. 제강소를 설립한 그는 밤낮으로 제강연구에 몰두하여 질 좋은 제강을 생산해 세계 각처로부터 주문이 쇄도했다. 그의 사업은 순풍에 돛을 단 배처럼 나날이 발전하여 세계 제일의 철강사업가가 되었다.

카네기는 많은 재산을 벌었으나 늘 검소하게 생활했고, 사업 때문에 결혼도 52세 때 했다. 그는 그만큼 바쁘게 살면서 자신의 일을 성공으로 이끌어낸 것이다. 그의 나이 66세 때 회사에서 물러난 그는 평생 피땀 흘려 번 돈을 사회를 위해 쓰기로 하고, 학교를 짓는 데 돈을 후원하는가 하면 많은 도서관을 짓는 데 후원했다. 그는 돈을 가치 있게 씀으로써 자신의 인생을 보다 더 성공적으로 끌어올린, 위대한 실천자이며 삶의 승리자였다.

| 카네기의 소통 비법 특징적 요소 |

카네기는 지혜롭고 의지가 굳은 신념의 소유자였다. 그는 학교를 다닐 수조차 없는 가난한 환경에서도 불평불만하지 않고, 힘든 일을 하면서도 자신의 미래를 위해 늘 책을 읽으며 공부했다. 그는 모든 공부를 독학으로 했으며, 그의 실력은 아주 뛰어날 정도로 우수해서 그 누구에게도 뒤지는 법이 없었다. 그러한 그의 모습은 주변 사람들에게 좋은 이미지를 심어주었다. 그가 어린 나이에 방적공장에서 실 감는 일을 할 때 어찌나 열심히 하는지 그 모습에 감동한 사장은 그에게 어른보다도 더 많은 월급을 주었다.

카네기는 근검절약하고 검소한 생활을 한 것으로 유명하다. 그는 자신에게 매우 엄정해서 '20가지 금언'을 만들어 실천했으며, 그의 이런 삶의 자세는 그에게 바른 길을 가게 했고, 가난하고 소외받은 사람들을 위해 헌신하게 했으며, 자신의 재산을 보람 있고 가치 있게 쓰게 했다. 이를 잘 아는 사람들은 그를 마음 깊이 존경했고, 그의 실천적인 삶은 그 자체만으로도 인간관계에서 훌륭한 소통의 수단이 되었다. 무엇보다도 그의 품성을 잘 알게 하는 것은 사람들을 대하는 그의 언행에 있었다.

카네기는 철강회사 CEO 시절 직원들을 인격적으로 대했고, 자신의 지위를 남용하는 일이 없었으며, 언제나 한결같은 모습으로 사람들을 대했다. 그는 겸손했으며 사람을 진심으로 위할 줄 아는, 따스한 인간애로 사람들에게 찬사를 받는 성공한 인생이다.

카네기 소통의 특징에는 그만의 세 가지 스타일이 있다.

첫째, 상대의 마음을 얻는 능력이 뛰어났다

앤드류 카네기는 천성적으로 탁월한 소통 능력을 타고난 사람이다. 그가 어린 시절 어떠했는지를 잘 알게 해주는 이야기이다.

카네기가 기르던 토끼가 여러 마리의 새끼를 낳았다. 그러자 먹이가 부족했다. 그런데 이때 카네기의 머리가 번쩍하며 빛났다. 그것은 친구들에게 먹이 구하는 일을 맡기는 것이었다.

"얘들아, 우리 집에 아기 토끼가 참 많단다. 우리 같이 토끼를 키우지 않을래?"

친구를 모아 놓고 카네기가 말했다.

"어떻게 같이 길러. 우리 토끼도 아닌데?"

친구가 입을 실룩대며 말했다.

"너희가 풀을 뜯어다 주는 거야. 그러면 내가 토끼에게 너희 이름을 붙여 주면 되잖아."

카네기가 웃으며 말했다.

"맞다. 그러면 되겠다. 내가 풀을 뜯어준 토끼는 내 이름을 따 제임스라고 하면 되고, 네가 따다준 토끼는 지미라고 하면 되잖아."

한 친구가 으스대며 말했다.

"그렇지. 바로 그거야."

카네기의 말에 아이들은 저마다 풀을 뜯어다 주었다. 그 덕분에 토끼는 무럭무럭 잘 자랐다. 카네기는 상대방의 기분을 좋게 하고 마음을 사는 일에 아주 탁월했다. 이런 카네기의 소통의 기술은 어른이 되어 더욱 빛을 발했다.

그는 사람들의 마음을 사는 일에 아주 능숙해서 그의 말 한마디면 사람들이 그에게 빠져들었다. 카네기가 철강회사를 운영하면서 중요하게 생각한 것은 직원들의 학벌보다는 각 개개인의 능력을 우선시했다. 그는 사람의 능력은 학벌에서 나오는 것이 아니라 그 사람이 지닌 잠재된 능력에서 나온다고 믿었던 것이다. 그 역시 학벌이 없이 지금의 철강회사를 세웠음은 그만의 능력에 있다고 굳게 믿었다. 적재적소에 잘 맞는 사람을 잘 쓰는 것이야말로 최선의 인재경영이라고 믿었던 것이다. 그런 생각을 갖고 있던 그에게 발탁되어 훗날 U.S 철강회사 사장이 된 찰스 스왑은 노동자 출신이었다. 카네기가 그를 발탁한 데는 그의 탁월한 능력 때문이었다. 찰스 스왑은 동료 직원들 사이에서 소통 능력이 매우 뛰어나 분위기를 주도했으며, 작업 능력 또한 탁월했다. 카네기는 찰스 스왑이야말로 자신이 필요로 하는 사람이라는 걸 한눈에 파악한 것이다. 카네기는 그를 관리자로 임명했다. 그가 관리자가 되자 그의 숨은 능력이 빛을 발하기 시작했다. 회사 분위기가 좋아짐은 물론 직원들 사이에도 동료의식이 더욱 끈끈해졌으며, 그것은 곧바로 생산성의 증가를 가져왔고, 그로 인해 회사는 급성장하기 시작했다. 카네기는 찰스 스왑의 공을 인정하여 당시 백만 달러라는 천문학적인 특별 보너스를 때때로 지급했다. 이는 비단 찰스 스왑의 경우만이 아니다. 그가 누구든 그만이 지닌 능력이 발견되면 그에 맞는 직무를 맡겼으며, 그것은 곧바로 긍정적인 결과를 낳았다.

카네기는 매사가 이런 식으로 상대방의 능력에 맞는 일을 맡기고 상대를 대우함으로써 기분을 높여주었고, 기분이 좋아진 그들은 하나 같이 자신의 일처럼 최선을 다했다. 그 결과 그의 회사는 날로 성장했고, 세계 최고의 철강 회사가 될 수 있었다.

💬 상대의 마음을 얻는 3가지 요소

- 상대방이 자신에게 관심을 갖고 소통하기를 원한다면, 먼저 상대방의 마음을 얻어라. 돈 들이지 않고 쉽게 상대의 마음을 얻는 방법은 상대의 기분을 맞춰주는 것이다. 사람은 누구나 자신의 기분을 살려주는 자에게 관심을 갖는다. 상대를 기분 좋게 하라. 그것이 소통을 원활하게 하는 최적의 비법이다.

- 상대의 좋은 점을 구체적으로 칭찬하라. 사람은 누구나 칭찬에 약하다. 칭찬은 닫혀 있는 마음의 문을 열게 할 만큼 위력이 대단하다. 칭찬 앞에는 누구나 무장해제가 됨으로써 그와의 소통을 원활하게 해준다.

- 상대의 능력에 대한 대가를 지불하라. 그것이 돈이 되었든 선물이 되었든 반드시 보상하라. 누구나 보상에는 마음의 문을 열고 다가오게

된다. 자신이 상대로부터 인정을 받았다는 증거로 믿기 때문이다.

상대방의 마음을 얻는 일은 어렵지 않다. 자신의 생각을 조금만 바꾸면 된다. 물론 자신의 생각을 바꾸지 않는 한 어려운 일이 될 수도 있지만, 마음만 먹으면 식은 죽 먹기보다도 쉬운 일이다.

"상대의 마음을 여는 열쇠는 상대가 가장 소중하게 여기는 것에 대해 얘기하는 것이다."

이는 탁월한 자기계발 동기부여가인 데일 카네기의 말로 상대의 마음을 얻기 위해서는 상대가 소중히 여기는 것, 말하자면 상대만의 재능에 대해 칭찬하거나 또는 상대방의 관심사에 대해 공감을 표함으로써 관심을 집중시킴을 뜻한다. 사람은 자신의 재능에 대해 칭찬하거나 관심사에 대해 공감을 나타내면 상대를 좋게 생각하는 경향이 있다. 상대의 말에 기분이 한껏 좋아져 상대를 배려심이 좋은 썩 괜찮은 사람이라고 생각하게 되기 때문이다.

당신은 상대의 기분을 잘 맞춰주는 편인가? 또한 칭찬을 잘하는 편인가? 만일 그렇다면 당신은 충분한 소통 능력을 지녔다고 봐도 된다. 다만 그것을 언제 어디서나 잘 활용할 수 있다면 말이다. 그러나 당신이 상대의 기분을 맞춰주고 칭찬하는 데 인색하다면 당신은 사람들과의 소통에 문제가 다분하다. 그것은 당신이 잘 알 것이다. 당신이 인간관계를 잘 맺기를 바란다면 당신의 단점을 과감하게 깨뜨려야 한다. 그러기 위해서는 상대의 마음을 얻는 세 가지 요소를 숙지하고 그대로 따라서 해보라. 꾸준하게 하다 보면 몸에 배게 된다. 그렇지 않다면 당신은 소통의 불능으로 당신이 원하는 것을 추구하는 데 많은 어려움이 따르게 될 것이다. 다시 말하지만, 당신은 인간관계에서 좋은 결과를 낳고 싶은가? 그렇다면 상대의 마음을 얻는 일에 열중하라. 상대의 마음을 얻는 것처럼 바람직한 소통은 없다.

둘째, 성실함으로 사람들에게 인정받았다

성실한 사람은 주변 사람들에게 좋은 이미지를 심어준다. 성실하면 인간성도 괜찮고 그와 교류를 갖는다 해도 자신에게 도움이 된다고 생각하기 때문이다. 성실한 사람은 남에게 피해를 주거나 손해를 끼치는 일은 하지 않는다. 성실성은 그것만으로도 사람들의 마음을 얻는 데 매우 긍정적으로 작용하여 사람들과 소통하는 데 있어 매우 효과적이다. 성실성이 인간에게 미치는 영향에 대해 고대 중국의 전국시대 말기의 유가 사상가이자 학자이며 성악설을 주창한 순자荀子는 다음과 같이 말했다.

"바탕이 성실한 사람은 항상 편안하고 이익을 보지만, 방탕하고 사나운 사람은 위태롭고 해를 입는다."

또 미국인들이 가장 존경하는 미국 건국의 아버지, 벤저민 프랭클린은 이렇게 말했다.

"백 권에 쓰인 말보다 한 가지 성실한 마음이 더 크게 사람을 움직인다."

순자의 말과 벤저민 프랭클린의 말에서 보듯 성실성이 인간에게 미치는 영향은 대단히 고무적이고 긍정적이라는 것을 알 수 있다. 순자는 자신의 말대로 평생 학문을 연구하고 제자들을 가르치는 등 성실하게 인생을 살았던 사람이다. 또한 벤저민 프랭클린은 학교를 다니지는 못했지만 평생 독서를 통해 지식을 쌓았으며, 피뢰침을 발명한 발명가로, 미국의 정치가로 미국이 건국하는 데 있어 크게 기여했다. 한마디로 그는 성실성의 대명사라고 할 수 있다.

카네기 또한 성실성에 있어서 둘째가라면 서러울 만큼 성실했다. 학교를 다니지는 못했지만 그 또한 수많은 독서를 통해 지식을 길렀으며, 어린 나이에 방적공장에서 일하며 가족을 도왔다. 또한 전보배달원으로 전신기사로 근무하며 자신이 맡은 일에 대해 최선을 다함으로써 사람들에게 좋은 이미지를 심어주었다. 그리고 제강법을 익혀 철강회사를 세움으로써 자신의 미래를 활짝 열었다. 그는 성실한 사람을 좋아했으며, 그의 주변엔 성실한 사람들로 가득했다. 성실한 사람은 굳이 말을 하지 않아도 사람들이 먼저 다가온다.

성실성은 말이 필요 없는 그 자체가 곧 말인 것이다.

💬 성실성을 기르는 3가지 비법

● 자신에게 주어진 일은 누가 뭐라고 하지 않아도 자신이 스스로 알아서 하라. 어차피 그 일은 자신이 해야 할 일이다. 남에게 미루거나 등한시한다는 것은 스스로를 게으른 사람이라고 말하는 것과 같다.

● 책임감을 강화시켜야 한다. 책임감이 강한 사람은 어떤 상황에서도 결코 자신을 게으르게 방치하지 않는다. 책임감이 강한 사람이 성실성이 뛰어난 것은 바로 이러한 이유에서다. 책임감은 곧 성실성을 뜻한다.

● 성실한 사람은 핑계를 대지 않는다. 그것은 곧 자신이 가치 없는 사람으로 전락한다고 믿기 때문이다. 성실한 사람은 때와 장소를 가리지 않는다. 어디를 가든 늘 자신이 하던 대로 한다. 왜 그럴까? 그것은 성실성이 완전히 몸에 뱄기 때문이다.

당신은 책임감이 강한 편인가? 그렇다면 당신은 성실한 사람이다. 책임감이 강한 사람치고 성실하지 않은 사람은 없다. 만일 당신이 책임감이 약하다고 생각한다면 책임감을 길러야 한다. 성실성은 책임감에서 오고 책임감으로 인해 더더욱 성실한 마인드를 갖게 된다. "맡겨진 책임에 충실하면 기회는 스스로 만들어진다."

이는 미국의 백화점 왕으로 불리는 존 워너메이커가 한 말로 책임감이 인간관계에 미치는 영향이 얼마나 지대한지를 잘 알게 한다. 존 워너메이커 역시 강한 책임감과 성실성 때문에 점원으로 시작해서 거대한 백화점의 사장이 될 수 있었다.

영국의 옥스퍼드 대학교수이자 사상가인 존 러스킨은 책임감의 중요성에 대해 다음과 같이 말했다.

"살아서든 죽어서든 당신의 책임을 완수하라."

존 러스킨의 말은 장엄하기까지 하다. 죽어서라도 완수하라는 말이 이를 잘 말해준다. 그렇다. 책임감은 반드시 지켜야 하고, 책임감과 성실성만 있다면 성공의 기회는 반드시 찾아온다. 책임감과 성실성은 사람들과 소통하는 데 있어 소통의 창구와 같다.

셋째, 베풂과 나눔으로 사람들과 교류했다

베풂과 나눔이란 말을 한마디로 함축해서 말한다면 '사랑의 실천'이라고 할 수 있다. 사랑 없이는 절대 할 수 없는 것이 베풂이며 나눔이다. 베풂과 나눔이 사람들을 감동으로 이끄는 것은 자신의 사랑을 누군가에게 아낌없이 주는 것이기 때문이다.

우리 사회는 베풂과 나눔의 관점에서 볼 때 누군가에 베푸는 사람과 남을 이기고 이익을 챙기는 사람으로 분류할 수 있다. 베푸는 사람은 자신의 사랑을 나누는 착한 사람이며, 받는 것을 즐기며 남의 것을 내 것으로 취하는 사람은 베풂을 거부하는 사람으로 가장 비이성적인 사람이라고 할 수 있다.

이에 대해 심리학자인 애덤 그랜트는 인간을 세 가지 관점으로 분석했는데, 기버Giver와 테이커Taker와 매처Matcher이다. 여기서 기버와 테이커는 앞에서 설명한 베풂과 나눔을 의미하는데 매처라는 말은 생소하다. 애덤 그랜트에 따르면 매처는 '공평함'을 삶의 척도로 삼는 이들로 자신에게 잘 해주는 사람에게는 살갑게 잘해주고, 공격하거나 이용하려는 사람에게는 차갑고 냉정하게 대한다. 대개의 사람들은 매처에 해당한다는 게 애덤 그랜트의 주장이다.

여기서 우리는 중요한 사실을 발견하게 된다. 테이커는 누구에게도 환영받지 못하는 비이성적인 사람이라는 것과 매처는 대개의 사람들로 보편적인 사람들이라는 것이다. 그러나 기버는 가장 인간적이고 가장 이상적이라는 것이다. 그래서 기버는 누구나 될 수 있지만 누구나 될 수 없는 사람이기에 사람들로부터 존경에 대상이 된다. 기버는 그 자체만으로 소통이 원활한 사람이라고 할 수 있다.

"돈은 비료와 같다. 쓰지 않고 쌓아두면 냄새가 난다."

《탈무드》에 나오는 말로 돈이 돈의 가치를 하기 위해서는 쌓아놓기만 해서는 안 된다는 말이다. 돈을 쓰라는 말인데 무작정 쓰라는 말이 아니라 가치 있게 써야 함을 의미한다. 즉, 나누는 일에 쓰라는 말이다. 그렇다. 돈은 인간에게 가장 필요로 하면서도 가장 인간을 나쁘게 만드는 요인이기도 하다. 돈 때문에 어떤 사람은 존경을 받고 어떤 사람은 손가락질을 받고 멸시를 받는다. 이를 보면 돈을 잘 써야 한다는 것을 알 수 있다.

카네기는 그의 나이 66세 때 회사에서 은퇴한 후 평생 피땀 흘려 번 돈을 사회에 환원하기로 결심하고, 학교를 짓고 도서관을 짓는 데 후원했다. 그는 왜 돈을 벌어야 하는지, 그리고 돈을 어떻게 써야 하는지를 잘 보여준 대표적인 인물이다. 그는 돈을 가치 있게 씀으로써 자신의 인생을 보다 더 성공적으로 끌어올린, 위대한 실천자이며 삶의 승리자였다.

💬 베풂과 나눔을 위해 가져야 할 3가지

● 베풂과 나눔은 내 사랑을 나누어 주는 아름답고 거룩한 행위이다. 내가 가진 것을 남에게 나누어 준다는 것은 쉽지 않다. 그러나 가치 있는 인생을 살고 싶다면 내가 가진 것을 나누어 주어야 한다. 가치 있는 인생은 가치 있는 행동을 통해서만이 될 수 있다.

● 선행의 기쁨은 자신을 위하고 상대를 위하고 나아가서는 모두를 위하는 일이다. 선행을 하는 사람이 많을수록 그 사회는 행복하듯이 선행은 하면 할수록 자신을 기쁘게 하고 행복하게 하는 일이다. 참된 기쁨

과 행복은 쌓아두는 것보다 나누는 데 있다.

● 돈이 있는 사람은 돈으로 나누고, 돈은 없지만 몸이 건강한 사람은 자신의 힘을 나눠주어라. 노래를 잘하는 사람은 노래로, 그림을 잘 그리는 사람으로 그림으로 나누고, 각자의 재능과 환경에 맞게 나누면 된다. 베풂과 나눔의 기쁨을 아는 것 이것이 최대의 행복이다.

"이 세상의 참다운 행복은 남에게서 받는 것이 아니라 내가 남에게 주는 것이다. 그것이 물질적인 것이든 정신적인 것이든 인간에게 있어서 가장 아름다운 행동이기 때문이다."

프랑스의 작가이자 비평가인 아나톨 프랑스가 한 말로 베풂과 나눔의 의미를 잘 보여준다. 베풂과 나눔은 아나톨 프랑스의 말에서 보듯 가장 아름다운 행동인 것이다.

당신은 지금껏 살아오는 동안 베풂과 나눔을 얼마나 실천했다고 생각하는가? 만일 당신이 베풂과 나눔에 동참을 한 적이 있다면 그 기분이 어떤지에 대해 잘 알 것이다. 그러나 그런 일이 없다면 당신은 아무리 말해도 베풂과 나눔에서 오는 기쁨과 행복을 알지 못한다. 베풂과 나눔은 반드시 실천을 통해서만이 할 수 있는 일이기 때문이다.

대표적인 베풂과 나눔의 대명사인 페이스북 CEO인 마크 주커버그, 마이크로소프트사의 빌 게이츠, 주식펀드의 귀재 워런 버핏 등

이들이 세계인의 주목을 받고 존경을 받는 것은 자신들이 힘들게 이룬 것을 아낌없이 베풀고 나누는 데 있다. 이들은 자신들이 하는 베풂과 나눔의 일로 많은 사람들과 소통하며 자신의 가치를 한껏 드높이며 성공적인 인생을 살고 있다.

카네기는 미국 기부문화를 일으킨 제1세대로서 그가 행한 아름다운 자선은 한 알의 밀알이 되어 싹을 틔웠으며, 그 싹은 무럭무럭 자라나 후세에 많은 사람들이 베풂과 나눔을 실천하는 데 밑거름이 되었다. 베풂과 나눔은 분명 어려운 것이지만, 당신의 형편에 맞게 작은 것부터 하나하나 실천해 나갈 때 당신은 참기쁨과 참행복을 공유하며 살아가게 될 것이다.

Elegance of
Communication

앤드류 카네기의
소통 비법 포인트

인간관계에서 상대의 마음을 얻을 수 있다면 소통하는 데 막힘이 없다. 상대의 마음을 얻는다는 것은 상대가 원하는 것을 잘 짚어낸다는 것을 뜻한다. 앤드류 카네기는 상대의 마음을 얻는 능력이 뛰어남으로써 철강왕이 될 수 있었다.

사람은 누구나 성실한 사람을 좋아한다. 성실한 사람은 무엇을 해도 믿음이 가고 신뢰가 가기 때문이다. 앤드류 카네기는 성실함으로 사람들에게 인정받았으며 세계 최고의 부자가 될 수 있었다.

베풂과 나눔은 사람들에게 따뜻한 이미지를 심어준다. 그런 사람은 사랑이 많고 배려심이 좋다고 믿기 때문이다. 앤드류 카네기는 베풂과 나눔으로 사람들과 교류했으며 자선 사업가로 영원히 존경받고 있다.

07

통합과 화해의 소통
: 미첼 바첼레트

미첼 바첼레트 Michelle Bachelet Jeria, 1951~

칠레 첫 여성 대통령이며 최초의 여성 국방장관을 역임했다. 그녀의 이름 앞에는 최초라는 낱말이 마치 수식어처럼 따라 붙는다. 미첼 바첼레트는 중도실용주의 리더십으로 건실한 경제성장을 이끌며, 2010년 1월 선진국 클럽 '경제협력개발기구OECD'에 남미에서는 최초로 가입했다. 퇴임 때 84%나 되는 국민들의 지지를 받은 것으로 유명하다.

2013년 대통령선거에 다시 당선함으로써 2번째 임기 대통령이 되었다(칠레는 대통령 연임이 헌법으로 금지되어 있어, 다시 대통령 선거에 나서려면 다다음 선거 때부터 출마할 수 있다).

| 여성성 리더십의 탁월한 전략가 |

남미 최초의 여성 대통령인 칠레의 미첼 바첼레트. 그녀는 2006년 선거를 통해 당당하게 칠레의 대통령이 된 여성이다. 대통령이 되기 이전엔 최초의 여성 국방장관을 역임했다. 그녀의 이름 앞에는 최초라는 낱말은 마치 수식어처럼 따라 붙는다. 이를 보더라도 그녀는 확실히 남과 다른 자신만의 특기가 있음이 분명하다. 남성을 능가하는 포용력과 결단력, 그리고 자신의 뜻을 관철시키는 추진력이 대단히 뛰어나다.

그 일례로 그녀는 남녀 동수의 내각을 구성했고, 자신의 아버지가 군사정권의 고문에 의해 희생됐던 과거사 청산을 주도했다. 또한 중도실용주의 리더십으로 건실한 경제성장을 이끌며, 2010년 1월 선진국 클럽 '경제협력개발기구OECD'에 남미 최초로 가입했다.

그녀의 대통령 퇴임을 며칠 앞두고 지진이 발생했다. 건물이 무너지고 도로가 끊기는 등 수많은 인명이 죽고 다쳤다. 그야말로 하루아침에 쑥대밭이 되었다. 그녀는 한 치의 망설임도 없이 즉각 소집명령을 내렸다. 소집명령을 받고 각료들이 모여들었다. 모두의 얼굴엔 긴장감이 돌았으나 그녀는 빈틈없는 자세로 힘주어 말했다.

"우리는 지금 위기를 맞았습니다. 하지만 이럴 때일수록 우리는 힘을 모아야 합니다. 각료들께서도 각자의 위치에서 난관을 수습하는 데 최선을 다해 주시기 바랍니다."

그녀는 차분하고 신속하게 대응했다. 오전에 각료들과 군 장성들을 대통령 궁에 소집해 정부대책회의를 열어, 약탈이 벌어진 콘셉시온 지역 등에 계엄령을 선포하고, 슈퍼마켓 음식을 피해 지역 주민들에게 무료로 배포하는 등 응급조처를 취함으로써 국민들에게 안도감을 심어주었다. 그리고 직접 사고 지역을 뛰어다니며 이재민들을 격려하고 용기를 북돋워 주었다. 칠레 국민들은 최선을 다하는 그녀를 보고 마음에 안정을 찾았으며 위기를 극복했다.

칠레 국민들은 퇴임하는 그녀에게 84%라는 높은 지지율을 보내며, 2014년에 다시 대통령으로 만나자고 열광했다. 칠레는 법적으로 대통령 연임이 금지되어 있다. 미첼 바첼레트가 성공적인 대통령이 될 수 있었던 것은 남성 못잖은 두둑한 배짱과 용기, 결단력과 판단력 그리고 통치력에 있다. 또한 투철한 책임감으로 국민을 사랑하고, 진정으로 나라를 생각하는 국가관에 있다. 한마디로 미첼 바첼레트는 여성성을 잘 보여준 탁월한 리더십의 여재이다. 2013년 대통령 선거에서도 국민의 뜨거운 지지로 당선되어 칠레 정부를 이끌고 있다.

| 바첼레트의 소통 비법 특징적 요소 |

2013년 다시 대통령 선거에 나선 미첼 바첼레트는 국민의 지지에 힘입어 대통령에 당선되었다. 국민들은 퇴임 때 그녀에게 했던 약속을 지킨 것이다. 그렇다면 칠레 국민들은 그녀의 무엇에 매료되었을까.

여성이지만 남성보다도 더 뛰어난 포용력과 결단력 그리고 자신의 뜻을 관철시키는 강한 추진력을 지녔다. 피노체트 군사정권에 의해 억울하게 희생된 아버지의 원수를 갚기 위한 보복정치도 하지 않았다. 자신의 개인적인 감정과 원한보다는 국가의 번영과 국민의 행복을 우선시했다. 그녀는 아픈 과거사를 청산하고 자유와 평화 그리고 경제 성장과 안정을 위해 정적들을 용서하고 화합을 이끌어냈다. 이는 어지간한 남자 대통령도 시도할 수 없는 포용이며 결행이었다는 데 큰 의미가 있다. 이러한 결단은 국민들의 지지를 한층 강화시켰으며 진정으로 국가와 국민을 위하는 대통령이라는 확신을 심어주었다. 대통령이라기보다는 마치 이웃에 사는 후덕한 여인네와 같은 아주 친근한 인간미를 풍긴다. 그러나 그 이면엔 확고한 신념과 강한 책임감과 용기를 지닌 카리스마가 있었다. 온유함과 강함을 골고루 지닌 그녀는 부드러울 땐 한없이 부드럽고, 무언가 신중히 결단할 때는 단호하게 처리했다. 국민들은 이런 그녀를 믿고 신뢰했다. 국민에게 믿음과 신뢰를 준다는 것은 국민과 공감하는 폭이 그만큼 크다는 것을 뜻한다. 그러니까 대통령인 그녀와 국민들이 마음으로 소통하면서 그녀는 국민을 믿고 국민은 대통령인 그녀를 믿음으로써 정부와 국민이 하나가 되어 칠레를 더 부강한 국가로 더 살기 좋은 국가로 만드는 데 함께한다는 의식을 공유하는 것이다. 칠레가 남미 국가 중 최초로 경제협력개발기구OECD에 가입했다는 것은 이를 잘 보여주는 증거라고 하겠다.

대통령이 국민에게 절대적인 신뢰를 받고 지지를 받는다는 것은 개인적으로는 대단한 기쁨이자 행복이며, 국가적으로는 안정적인 기틀을 다지는 데 있어 매우 효과적이라고 할 수 있다. 국민들과 소통하는 미첼 바첼레트만의 소통 비법에 대해 분석해 보기로 하자.

첫째, 포용력과 오픈 마인드를 지녔다

인간관계에서 포용력과 오픈 마인드는 매우 중요하다. 상대방이 잘못을 했을 때 보복하지 않고 관용을 베푸는 것은 보통의 마음으로는 할 수 없는 일이다. 사람은 누구나 자신이 억울하게 당하면 그 대상에게 자신이 받은 만큼 되갚으려는 것을 당연하다고 생각한다. 그런데 미첼 바첼레트는 피노체트 군사정권 당시 억울하게 죽은 아버지의 한을 보복으로 갚지 않고 용서함으로써 많은 국민들의 놀라게 했다. 그녀가 정적을 포용력으로 감싼 것은 개인의 일보다는 용서함으로써 국가와 국민을 위한 결단에 의해서이다. 다시 말해 통합과 화해를 통해 국정을 안정시키고, 국민에게 희망을 심어 줌으로써 국가의 발전을 도모하기 위한 대의大義를 위해서다.

미첼 바첼레트의 희망을 주는 정책은 국민들로부터 열렬한 환영을 받았으며, 정치인들도 뜻을 모아 그녀가 국정을 잘 이끌어 나갈 수 있도록 협력했다. 그러자 칠레는 정치적 안정으로 인해 생산성이 급향상되었고 경제는 날로 좋아졌다. 이를 보더라도 그녀의 국정운영 능력이 매우 탁월했음을 잘 알 수 있다. 미첼 바첼레트는 오픈 마인드를 지닌 매우 합리적으로 친근한 성품의 소유자이다. 그녀는 누구에게나 마음을 열어 소통했으며, 국가와 국민을 위해서라면 그 누구와도 대화를 통해 긍정적인 정책을 실행하는 데 밑거름으로 삼았다. 대통령이라는 권위의식을 내려놓고 마음을 열어 자신이 지향하는 바를 모두 이뤄낼 수 있었다.

포용력과 오픈 마인드는 사람들과 교류하는 데 있어 매우 효과적으로 작용한다. 포용력이 좋고 마음이 열린 사람은 누구와도 거부감 없이 소통이 원활하여 능동적이고 역동적으로 살아가는데 매우 유리하다.

"규칙과 교훈은 자연적인 포용력이 없으면 무가치하다."

이는 로마제국의 수사학자인 마르쿠스 파비우스 퀸틸리아누스가 한 말로 포용력의 가치성에 대해 잘 알게 한다. 정부를 이끌던 기업을 경영하던 리더는 규칙과 원칙을 지키되 때에 따라서는 포용력 있는 모습을 보여주어야 한다. 모든 일은 규칙과 원칙을 필요하지만 포용력 또한 절대적으로 갖춰야 할 리더십의 요소이다. 물론 이는 리더만이 아니라 보통 사람 또한 마땅히 지녀야 할 소통의 요소이다.

오픈 마인드 또한 매우 중요한 소통의 요소이다. 지도자든 보통 사람이든 열린 마음으로 사람들과 교류를 갖게 되면 막힘이 없이 서로의 생각을 공감하게 되고, 나아가 서로에게 긍정적으로 작용함으로써 유익함을 얻게 된다.

"모두들 세상이 변한다고 생각한다. 하지만 아무도 자신을 바꾸려고 하지 않는다."

러시아의 국민작가 톨스토이가 한 말로 삶이 변화하는 데도 마음을 열지 않는 사람들의 부정적인 태도를 비판적으로 지적한 말이다. 변하지 않는 마음은 닫힌 마음이다. 닫힌 마음으로는 사람들과 소통하는 데 문제가 많다. 내가 마음을 열고 다가가도 상대가 마음을 열지 않으면 아무 소용이 없다. 또한 상대가 마음을 열고 다가오는데 내가 마음을 닫고 있으면 진정한 인간관계를 이어가기란 쉽지 않다. 진정한 인간관계는 열린 마음으로 서로 간에 소통할 때 비로소 이뤄진다. 열린 마음은 생각과 마음을 공유하는 것이며, 삶을 공유하는 것이다.

💬 포용력과 오픈 마인드를 키우는 3가지

- 진정한 인간관계를 맺기 위해서는 상대의 잘못에 대해 너그럽게 이해할 필요가 있다. 사람은 자신의 잘못을 너그럽게 이해해주는 사람에게 관심을 갖는다. 그런 사람은 인격적으로 뛰어나 자신의 인생에 큰 도움이 될 거라고 생각하기 때문이다. 그래서 포용력이 좋은 사람 주변에는 좋은 사람들이 많아 긍정적인 삶을 사는 데 큰 도움이 된다.
- 오픈 마인드는 거부감을 주지 않는다. 그 누구와도 친밀감 있게 교류

하고 공감대를 형성하는 능력이 좋다. 그래서 오픈 마인드를 가진 사람이 인생을 보다 폭넓고 능동적으로 살아간다. 오픈 마인드는 자신을 플러스 인생이 되게 하는 매우 유익한 소통의 요소이다.

● 포용력과 오픈 마인드는 관용적인 사람이 반드시 갖춰야 할 필수 요소이다. 관용적인 사람이 사람들로부터 존경받고 인정받는 것은 도량이 넓어 배울 점이 많다고 생각하기 때문이다. 포용력과 오픈 마인드는 인간관계에서 반드시 갖춰야 할 소통의 필수 요소이다.

당신은 포용력이 좋은 사람인가? 당신에게 잘못한 사람을 너그럽게 용서해 준 적이 있는가? 그렇다면 당신은 사람들과 소통하는 데 있어 좋은 장점을 지녔다고 할 수 있다. 사람들은 대개 자신에게 잘못한 사람을 용서하는 데 익숙하지 못하다. 자신이 억울하다고 생각하기 때문인데, 억울함은 누르고 상대의 잘못을 너그럽게 용서해보라. 상대는 당신에게 깊은 감명을 받고 당신과 좋은 친구가 되려고 할 것이다. 그러나 당신이 잘못한 사람에게 용서 대신 징벌을 내린다면 상대는 마땅히 자신이 받아야 할 벌임에도 잘못을 뉘우치기보다는 당신을 원망할 것이다. 그것이 보통 사람들이 갖는 마음이다.

당신이 인간관계를 유기적으로 이어가기 위해서는 오픈 마인드로 사람을 대하라. 열린 마음은 사람들과 교류하는 데 있어 매우 효과적이다. 오픈 마인드를 가진 사람은 생각이 깨어있어 소통하는 데 무리가 없다고 여기기 때문이다. 당신이 플러스 인생을 살고 싶다면 미첼 바첼레트가 그랬듯이 당신 또한 오픈 마인드로 사람들과 소통하라. 오픈 마인드는 생각과 마음을 열게 하는 참 좋은 소통의 요소이다.

둘째, 뛰어난 결단력과 추진력을 지녔다

미첼 바첼레트는 결단력, 그리고 자신의 뜻을 관철시키는 추진력이 대단히 뛰어났다. 그녀는 여성이지만 그 어떤 남성보다도 결단력과 추진력이 뛰어났다. 결단력과 추진력은 리더가 반드시 갖춰야 할 리더십의 요소로써 이것이 부족하면 훌륭한 리더가 될 수 없다. 그 일례로 그녀는 대통령에 당선되자 남녀 동수의 내각을 구성했다. 이는 남성 위주의 내각 구성에 대한 일대의 변혁이었다. 즉, 양성평등에 따른 남성과 여성을 동일시했다는 것을 의미한다. 세계의 그 어느 나라 그 어떤 지도자도 하지 못한 정책이다. 그런데 그녀가 대통령에 취임하자마자 추진한 정책으로 국민들에게 신선한 충격을 주었다. 여성과 남성이란 구별 짓기는 적어도 미첼 바첼레트에겐 통하지 않는 고루하고 진부한 생각에 불과했다. 그처럼 고리타분한 생각으로는 자신이 꿈꾸는 일들을 해낼 수 없다는 생각에서였다.

군부독재에 의한 과거사 문제도 과감하게 청산함으로써 국민대화합의 정치를 이끌어내 국민들로부터 절대적인 지지를 받았다. 이는 그녀만이 할 수 있는 결단력과 추진력에 따른 성과였다. 만일 그녀가 지난 시절 자신의 아버지가 피노체트 군사독재 정권에 의해 억울하게 희생된 아픔을 되갚기 위해 보복장치를 했다면 어떻게 되었을까? 그녀는 그렇고 그런 대통령으로 남게 되었을 것이다.

모든 행동은 생각의 지배를 받는다. 즉, 생각이 시키는 대로 한다. 그렇기에 어떤 생각을 하느냐는 매우 중요하다. 생각하기에 따라 행동의 양식이 바뀌기 때문이다. 이에 대해 미국의 저술가이자 강연가인 얼 나이팅게일은 다음과 같이 말했다.

"생각하는 방식을 바꾸면 느끼는 방식도 바꿀 수 있다."

미첼 바첼레트가 여성 대통령으로서 성공할 수 있었던 것은 여성이라서 할 수 없다는 생각을 과감하게 깨트리고 자신이 하고자 했던 모든 것들을 결단력 있게 행동으로 옮겼기에 가능했던 것이다. 그녀에겐 투철한 책임감으로 국민을 사랑하고, 진정으로 나라를 생각하는 국가관이 철저했다. 이런 신념으로 인해 한시도 자신의 안위와 유익에 대해 생각하지 않았다. 그리고 어떤 일에서든 실행하고자 생각한 것은 곧바로 행동으로 옮겼으며 적극적으로 실천했다.

이처럼 신속하고 일관성 있는 행동은 국민들에게 깊은 신뢰감을 주었다. 또한 자신이 한 말에 대해 반드시 지켰다. 그녀의 강인한 책임감은 국민들에게 믿음을 주었고, 그로 인해 아낌없는 신뢰를 한 몸에 받았다. 그녀의 뛰어난 결단력과 추진력은 국민들과의 손색이 없는 훌륭한 소통의 요소로써 크게 작용함은 당연했다. 때론 백 마디 말보다 제대로 된 하나의 행동이 더 큰 영향을 미치는 법이다.

💬 결단력과 추진력을 기르는 3가지

- 자신이 하고자 하는 일은 충분히 심사숙고 한 후 실행하라. 실행하되 머뭇거리거나 미루지 말아야 한다. 그것은 사람들에게 우유부단한 모습을 심어 줄 뿐이다. 확고한 결단력으로 추진하라.

- 구슬이 서 말이라도 꿰어야 보배라는 말이 있듯 아무리 좋은 아이템도 그냥 두거나 묵히면 아무런 소용이 없다. 아이템도 중요하지만 그것을 어떻게 실행으로 옮기느냐는 것은 더욱 중요하다. 이럴 때 강한 결단력으로 추진력 있게 시도한다면 좋은 결과를 얻을 수 있다.

- 우유부단한 성격은 결단력과 추진력과는 매우 상반된 마인드이다. 이런 성격으로는 자신이 추구하는 것을 제대로 해낼 수 없다. 마음을 강건히 하고 실패를 두려워하지 말고 시도하라. 모든 것은 마음가짐에서 오는 것이다. 마음가짐을 탄탄하게 하라.

"집중력과 끈기와 결단력과 추진력을 갖추면 이 세상에 이루지 못할 목표는 없다."

이는 영국의 작가 제임스 알렌이 한 말로 결단력과 추진력을 왜 갖추어야 하는지를 잘 알게 한다. 아무리 좋은 고급 재료가 산더미처럼 쌓여 있다고 해도, 그것은 재료일 뿐이다. 맛있는 음식을 만들어 먹으려면 재료를 손질해서 맛있게 요리를 해야 한다. 이러한 과정이 없이는 그 어느 누구도 맛있는 음식을 해 먹을 수 없다. 무슨 일을 할 때 정작 중요한 것은 결단하고 그것을 추진력 있게 실행하는 일이다. 그래야 어떤 결말을 낼 수 있는 법이다.

뛰어난 결단력과 추진력이 사람들에게 좋은 이미지를 갖게 하는 것은 바로 이러한 이유에서다. 그런 사람은 무엇을 해도 잘 해낼 수 있다는 확신을 준다. 그래서 그런 사람과 소통을 통해 교류한다면 자신의 인생에 큰 도움이 되리라 믿는 것이다. 결단력과 추진력은 행동의 언어라고 할 수 있는데, 소통하는 데 있어 좋은 소통의 요소라고 할 수 있다.

당신의 결단력은 어떠한가? 당신의 추진력은 또한 어떠한가? 만일 당신이 이 두 가지를 잘 갖췄다면 당신은 인생의 좋은 자산을 가진 것이나 마찬가지다. 그러나 그렇지 않다면 당신은 많은 노력을 해야 한다. 결단력과 추진력을 강화해야 하기 때문이다. 제임스 알렌의 말에서 보듯 미첼 바첼레트가 국민의 절대적 지지를 받으며 성공한 대통령이 될 수 있는 데에는 바로 뛰어난 결단력과 추진력

에 의한 국민과의 소통에 있었음을 마음에 새겨 실천하는 당신이
될 때 당신 또한 당신이 원하는 길을 가게 될 것이다.

셋째, 여성성을 바탕으로 친근함을 지녔다

미첼 바첼레트는 여성성을 정책에 잘 활용한 인간경영의 귀재이
다. 여성의 부드럽고 섬세한 여성성은 친근함을 주고 모성애적인
따뜻함을 줌으로써 마음을 편안하게 한다. 마치 어린 시절 어머니
의 품에 안겨 있으면 그 어떤 두려움도 공포도 느끼지 않는 것처럼
말이다. '어머니가 나를 지켜주겠지' 하는 믿음이 마음을 편안하게
하고 두려움을 잊게 만드는 것이다. 미첼 바첼레트가 이를 정책의
마케팅으로 잘 활용한 예를 보기로 하자.

그녀의 대통령 퇴임을 며칠 앞두고 지진이 발생했다. 건물이 무
너지고 도로가 끊기는 등 수많은 인명이 죽고 다쳤다. 하루아침에
아비규환이 되었다. 그러나 그녀는 한 치의 망설임도 없이 즉각 소
집명령을 내렸다. 모인 각료들의 얼굴엔 긴장감이 돌았으나 그녀는
아주 차분하고 빈틈없는 자세로 위기를 극복하기 위해서는 모두
힘을 모아야 한다며 힘주어 말했다. 각료들은 그녀의 당찬 모습에
서 강한 의욕을 가질 수 있었던 것이다.

차분하고 신속했던 그녀의 대응력을 보자. 각료들과 군 장성들을 대통령 궁에 소집해 정부대책회의를 열어, 약탈이 벌어진 콘셉시온 지역 등에 계엄령을 선포했다. 그리고 슈퍼마켓 음식을 피해 지역 주민들에게 무료로 나누어 주는 등 발 빠르게 응급조처를 취함으로써 국민들을 안심시켰다. 나아가 그녀는 직접 사고 지역을 두 발로 뛰어다니며 이재민들을 격려하고 용기를 북돋워 주었다. 칠레 국민들은 어머니의 마인드로 최선을 다하는 그녀를 보고 마음에 안정을 찾았으며 참담한 위기로부터 극복할 수 있었다. 한마디로 미첼 바첼레트는 여성성을 잘 보여준 탁월한 리더십의 여재이다.

삶은 시시각각 변화하고 있으며, 어느 분야에서든 변화를 꾀하고 있다. 삶이라는 본질은 동서고금을 막론하며 같다. 인간답게 살아가는 길, 인간으로서 행복을 추구하고 가치를 추구하는 것은 어느 시대나 똑같다. 하지만 가치를 추구하고, 행복을 추구하고, 인간답게 살아가는 길은 시대의 흐름에 따라 다르게 나타난다. 시대가 흐를수록 삶의 패턴은 다양한 모습으로 다가오고, 그 다양함에 따라 행복도 가치도 달라진다.

현대인들은 매우 복잡미묘한 심리를 지녔다. 이러한 현대인들에게는 상황에 따라 인간관계의 방법을 달리해야 한다. 그렇지 않으면 소통을 하는 데 문제가 많다. 여자는 남성적으로 변화하고, 남성은 여성적으로 변화하는 여성속의 남성, 남성 속에 여성화라고 할 수 있는데 이 둘에게 잘 맞는 것은 따뜻함과 부드러움이다. 친근한 정서는 공감력이 좋고, 마음의 정서를 공유하는 데는 매우 효과적이다. 따라서 이를 소통하는 데 적용시킨다면 좋은 인간관계를 유지하는 데 있어 큰 도움이 된다.

미첼 바첼레트는 이를 정치적으로 잘 활용한 소통의 귀재라고 할 수 있다. 그녀가 국민들의 열화와 같은 지지를 받을 수 있었던 이면에는 따뜻하고 부드러운 모성애적인 감성 정치 즉, 소통의 정치가 크게 기여했음은 두말할 나위가 없다. 부드럽고 따뜻하고 친근감 넘치는 감성 정치적 마케팅은 미첼 바첼레트를 감성의 정치적 마케터로 국민들 가슴속에 깊이 각인시켰던 것이다.

💬 친근함을 기르는 비법 3가지

- 사람들과 좋은 관계를 갖고 싶다면 당신이 먼저 다가가라. 당신이 먼저 손을 내밀고, 당신이 먼저 웃어주고, 당신이 먼저 상대를 인정해 주어라. 상대는 그것만으로도 마음을 열고 다가온다. 친근함은 굳게 닫힌 마음도 열게 하는 소통의 열쇠이다.

- 상대가 물어보면 몇 번이든 웃으며 대답해 주어라. 상대가 원하는 것은 곤란한 것이 아닌 이상은 될 수 있는 대로 들어주는 쪽을 택하라. 상대는 당신을 배려심이 좋고 인품이 좋은 사람으로 생각할 것이다. 그리고 당신에게 먼저 손을 내밀고 다가올 것이다.

● 같은 말도 되도록 친절하게 말하라. 친절한 사람에게 욕하는 사람은 어디에도 없다. 그러나 무뚝뚝하고 까칠한 사람은 자칫 욕세례를 받을 수 있다. 친절함은 무뚝뚝한 사람의 돌덩이 같은 마음도 부드럽게 만드는 소통의 윤활유이다.

당신은 소통의 귀재가 되고 싶은가? 물론 당신 또한 소통의 귀재가 되고 싶을 것이다. 그러나 소통의 귀재는 아무나 될 수 없다. 그만한 노력이 필요하고 그만한 가치를 지녀야 한다.

친절은 사람의 마음을 사는 요소 중 대표적인 소통의 요소이다. 그런데 여기서 반드시 알아야 할 것은 부드럽고 따뜻한 마인드를 가지지 않으면 절대 친절한 사람이 될 수 없다는 것이다. 당신이 친절한 사람이 되고 싶다면 따뜻하고 부드럽게 말하고 행동해야 한다. 그리고 이를 습관화시켜야 한다. 그렇지 않으면 당신은 절대로 친절한 사람이 될 수 없다.

"친절은 세상을 아름답게 한다. 모든 비난을 해결한다. 얽힌 것을 풀어헤치고, 곤란한 일을 수월하게 하고, 암담한 것을 즐거움으로 바꾼다."

러시아의 국민작가 톨스토이가 한 말로 친절함이 주는 긍정의 효과를 잘 알게 한다. 그렇다. 친절은 무형의 자산과 같고, 이 세상을 아름답게 바꾸게 하고, 모든 사람들에게 인정받게 한다.

"남에게 친절함으로써 그 사람에게 준 유쾌함은 곧 자신에게 돌아온다."

영국의 경제학자 애덤 스미스의 이 말은 친절의 대가에 대해 잘 보여주었다고 하겠다. 옳은 말이다. 친절하게 대해주는 사람에게 악행을 삼는 사람은 없다. 친절은 친절로써 갚는 것이 인간의 도리이기 때문이다.

당신이 미첼 바첼레트처럼 소통하고 싶다면, 그래서 당신이 원하는 것을 얻고 싶다면, 따뜻하고 부드럽게 말하고 행동하는 친절한 사람이 되어야 한다.

포용력과 오픈 마인드는 인간관계에 있어 참 중요한 요소이
다. 포용력이 좋고 마음이 열려 있는 사람은 그 누구도 꺼리지
않는다. 그런 사람은 최고의 인생 파트너라고 생각하기 때문
이다. 미첼 바첼레트는 포용력과 오픈 마인드로 국민들로부
터 절대적인 지지를 받았다.

인간관계에 있어 결단력과 추진력이 좋은 사람은 신뢰받기에
매우 적합하다. 그런 사람은 매사에 시원시원하고 막힘이 없
다고 믿기 때문이다. 미첼 바첼레트는 뛰어난 결단력과 추진
력으로 칠레를 OECD(경제협력개발기구)에 남미 최초로 가입
시키며 국민들의 상원과 지지를 한 몸에 받았다.

여성성은 부드럽고 친근함을 준다. 이런 마인드는 소통하는
데 아주 유효하다. 부드럽고 친근한 사람을 꺼리는 사람은 없

기 때문이다. 미첼 바첼레트는 여성성을 바탕으로 국민들에게 친근함을 줌으로써 소통의 귀재가 될 수 있었다.

미첼 바첼레트는 이처럼 칠레에서 가장 영향력 있고, 카리스마 있는 리더십으로 주목받기에 충분한 자질을 갖추었다고 볼 수 있다.

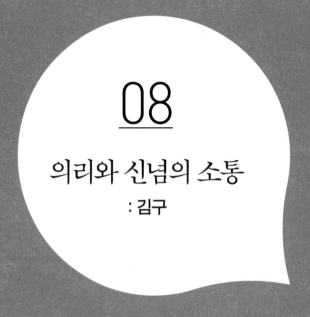

08

의리와 신념의 소통

: 김구

김구 金九, 1876~1949

본관은 안동으로 황해도 해주 백운방 텃골에서 출생했다. 호는 백범白凡이다. 독립운동가이자 정치인, 상해 임시정부의 주석을 지냈다. 어린 시절 《자치통감》, 《십팔사략》등의 병서를 즐겨 읽었다. 18세에 동학에 입도하여 19세에 접주가 되었으며, 일본군과 해주성 전투를 벌였다. 그 후 스승 고능선으로부터 의리와 인간의 도리에 대해 배웠다. 일본군 중위 쓰치다를 죽인 치하포 사건으로 온갖 고난과 시련을 겪으며 항일의식을 싹틔우고, 양산학교를 설립하고 교육에 헌신하다 41세 때 중국으로 가 도산 안창호의 천거로 임시정부의 초대경무국장이 되었으며, 내무총장을 거쳐 국무령이 취임했다. 임시정부를 위원제로 바꾸고 국무위원이 되었으며 윤봉길, 이봉창 의거사건을 주도하여 민족애의 자긍심을 세계에 떨치며 조국 독립의 당위성에 대해 알렸으며, 조국이 독립하는데 중추적 역할을 했다. 광복 후 조국으로 돌아와 민족의 지도자로 남북이 하나가 되어 자주독립의 통일 정부 수립을 주장했으나, 안두희가 쏜 총탄에 서거했다. 평생을 가난 속에서 지냈으며 조국의 독립을 위해 헌신한 애국지사이다.

∞

| 의리와 기개의 위대한 민족지도자 |

민족의 위대한 지도자, 임시정부의 주석, 영원한 민족의 영웅 등 모든 수식어가 조금도 아깝지 않은 백범 김구. 그는 평생을 오직 조국의 광복을 위해 그리고 자주독립의 통일정부 수립을 위해 헌신한 대한민국 근세사의 위대한 민족의 스승이다.

김구는 황해도 해주 백운방 텃골에서 출생했다. 가난한 집에서 태어나 어린 시절 혼자서 한글을 깨치고 천자문을 깨칠 만큼 배움에 목말라했던 그는 비록 짧은 기간이었지만 여러 차례 글방 선생에게 글을 익혔다. 김구는 그 자체만으로도 즐거워했으며, 배움의 가치를 깨달았다. 특히, 어린 시절 《자치통감》, 《십팔사략》 등의 병서를 즐겨 읽었다. 그는 18세에 동학에 입도하여 19세에 접주가 되었으며, 일본군과 해주성 전투를 벌였다.

그 후 평생 존경했던 스승 고능선을 만남으로써 인간의 도리와 삶의 가치에 대해 배웠다. 특히, 김구 선생이 인간관계에서 제일 중요하게 생각했던 '의리'에 대해 배운 것은 그의 인생에 절대적인 영향을 끼쳤다.

"선생은 주로 의리가 어떤 것인지에 대해 말씀하셨다. 아무리 뛰어난 재주와 능력이 있는 사람이라도 의리에서 벗어나면 그 재능이 도리어 화근이 된다고 하셨다. 또 사람의 처세는 마땅히 의리에 근본을 두어야 한다는 것과 일을 할 때에는 판단, 실행, 계속의 세 단계로 사업을 성취해야 한다는 등의 좋은 말씀을 많이 들려주셨다."

김구의 말에서 보듯 스승에게 배운 '의리'의 정신은 김구에겐 하나의 신념이 되었다. 김구는 사사로운 개인 관계에서도 그렇고, 임시정부 요인으로 일할 때도 늘 의리를 중시함으로써 사람들에게 깊은 신뢰와 믿음을 주었다.

김구가 스물한 살 때 명성황후가 일본군에게 시해당하는 사건이 일어나자, 그는 일본군 중위 쓰치다를 죽인 치하포 사건으로 온갖 고난과 시련을 겪으며 여러 차례 죽을 고비를 넘겼다. 김구의 항일의식은 날로 더해갔으며, 민족의식을 고취시키고 바른 마음가짐을 갖는 데는 교육이 절대적이라는 필요성을 절감하고 학생들을 가르치는 일에 전념했다. 김구는 1919년 3·1운동이 발발하자 조국을 떠나 중국 상해로 갔다. 도산 안창호의 천거로 임시정부의 초대 경무국장이 되었으며, 내무총장을 거쳐 국무령에 취임했다. 임시정부를 위원제로 바꾸고 국무위원이 되었으며 윤봉길과 이봉창 의거사건을 주도하여 민족애의 자긍심을 세계에 떨치며 조국 독립의 당위성에 대해 알렸으며, 조국이 독립을 하는 데 중추적 역할을 했다.

광복 후 조국으로 돌아와 자주독립의 통일 정부 수립을 주장하며 김일성과의 회담을 위해 북한에 방문하는 등 심혈을 기울였으나 안타깝게도 뜻을 이루지 못하고 안두희가 쏜 총탄에 서거했다. 평생을 청빈하게 살며 개인의 영달과 행복은 뒤로한 채 조국의 독립을 위해 목숨 바쳐 헌신한 우리나라 근세사에 있어 가장 위대한 애국지사이자 민족의 스승이다.

| 김구의 소통 비법 특징적 요소 |

김구는 소통을 잘한 것으로 널리 알려졌다. 그는 만나는 누구와도 소통을 잘 이어갔다. 이에 대한 몇 가지 이야기이다.

김구가 열여덟 살 때 동학東學에 관심을 갖고 입도하기 위해 오응선이라는 사람을 찾아갔다. 김구는 그 집에 가려면 생선과 고기를 먹지 말고, 목욕을 하고 새 옷을 입어야 한다는 말을 듣고 그대로 한 후 찾아갔던 것이다. 김구는 오응선을 만나 예를 다했다. 오응선은 반듯한 인품과 예를 갖춘 김구에게 깊은 관심을 보이며, 김구로 하여금 동학에 입도하는 데 도움을 주었다.

그렇게 동학에 입도한 김구는 곧 접주가 되었고, 해주성을 공격하는 전투를 펼쳤으나 실패로 끝나고 말았다. 이곳저곳으로 은신하며 보내던 김구는 청계동의 안태훈을 찾아갔다. 안태훈은 안중근 의사의 아버지이다. 안태훈은 김구를 반겨 맞아주었다. 안태훈은 집 한 채를 내어주며 김구의 부모를 모셔오게 했다. 그러고는 김구를 자신 곁에 두고 지내게 했다. 이로 인해 김구는 안중근 의사 집안과 깊은 인연을 맺게 되었다. 안태훈이 자식과 같은 김구에게 그토록 애정을 쏟은 것은 김구의 인품과 신의, 믿음과 자질을 높이 샀기 때문이다.

김구가 평생 스승으로 모신 고능선은 안태훈의 소개로 만났다. 고능선은 김구를 보자 장차 큰일을 할 사람이라고 생각했다. 김구 또한 고능선의 학식과 인품에 깊이 매료되어 배움을 청해, 그로부터 자연의 이치와 삶의 이치 등에 관해 폭넓게 배웠다. 또한 민족의 존엄성과 자주정신 그리고 무엇보다도 의리에 대해서 흥미를 갖고 배웠다.

　김구가 치하포 사건으로 인천감옥에 투옥되었다가 탈출한 뒤 서울로 갔다가 삼남지방으로 방랑길에 올랐다. 이리저리 떠돌며 사람들을 만나고 다녔다. 그러다 마곡사 스님이 되었다가 다시 절을 떠나 방랑한 후 삼남지방 유생들과 교류를 갖게 되었다. 김구는 유완무와 만났다. 유완무는 고종을 미국 공사관으로 탈출시키려다 실패한 뒤 유배되었다가 아관파천 뒤 경무사로 정계에 복귀한 친러파 핵심 인물 이충구의 사돈이다. 또한 그는 을사늑약 직후에 이상설, 이동녕, 이준 등과 같이 만주에 근거지를 마련하여 장기항전 할 모임에도 참여했다고 한다. 그리고 김구는 성태영을 만났다. 성태영은 경상도 대지주이자 유학자로 젊은이들을 모아 인재양성에 힘쓰는 한편 3·1 운동 때는 김창숙 등 유림 대표들과 연락을 취하며 프랑스 파리강화회의에 대한민국의 독립을 알리는 파리장서를 제출하는 데 큰 역할을 한 인물이다. 유완무와 성태영과의 교류는 김구가 독립에 대한 의지를 키우는 데 큰 밑거름이 되었다.

　김구는 큰 뜻을 품고 중국 상해로 갔다. 도산 안창호에 의해 임시정부 초대경무국장이 되었으며 내무총장을 거쳐 국무령이 취임했다. 임시정부를 위원제로 바꾸고 국무위원이 되었으며 주석이 되었다. 김구는 평생 동안 많은 사람들을 만났다. 김구가 임시정부에 참여하여 요직을 두루 거치며, 주석이 될 수 있었던 것은 그의 소통 능력이 그만큼 뛰어났음을 말한다. 특히 김구는 진정성이 매우 뛰어났다. 진정성은 진실한 마인드를 지니지 않으면 절대 보일 수 없다. 김구와 교류를 쌓았던 이들은 하나같이 그의 진정성에 매료되었던 것이다.

"진실이 있는 말은 결코 아름답게 장식하지 않고, 화려하게 장식한 말은 진실이 없는 법이다."

이는 노자老子가 한 말로 진실성이 있는 말은 억지로 멋지게 꾸미지 않아도 그 진실이 통하지만, 아무리 화려하게 꾸민다 해도 진실이 없으면 그 말은 헛말이 되고 만다는 의미이다. 말은 곧 그 사람이라고 했다. 김구는 말과 행동에 있어 진정성이 넘치는 사람이었다.

김구가 소통 능력이 뛰어난 것은 함부로 말하거나 그릇되지 않는 신중함과 깊은 사려에 있다. 그는 직무상 매사에 신중하고 조심성을 갖고 생활했지만, 그의 본성이 그렇게 타고난 까닭에도 있다.

김구의 소통 비법 특징적 요소에 대해 살펴보기로 하자.

첫째, 의리를 목숨처럼 소중하게 여겼다

의리義理의 사전적 의미는 '사람으로서 지켜야 할 바른 도리'를 말한다. 사람답게 행해야 할 양심적 규범이라고 할 수 있는데, 이러한 의리는 친구 간에도, 직장동료 간에도, 스승과 제자 간에도, 부부간에도, 형제자매간에도 반드시 필요하다. 의리를 잘 지키면 인간관계가 매끄럽고 원만하여 인간답게 살아갈 수 있지만, 의리를 지키지 않으면 인간관계가 단절 되어 서로를 불신하고 원성을 사게 된다. 김구는 의리를 매우 소중히 여겼다. 의리는 사람이라면 당연히 지켜야 할 도리로 여긴 것이다. 의리는 김구에게는 신념과도 같은 것이었다. 김구는 생사가 달린 순간에도 의리를 지키기 위해 자신의 목숨을 건 일이 있다. 이를 잘 알게 하는 이야기를 보자.

김구는 스물한 살 때 일제의 명성황후 시해 사건으로 인해 분노에 차 있었다. 그는 황해도 안악군 치하포에서 일본군 중위 쓰치다를 죽였다. 김구는 그 사건으로 인해 구속이 되어 인천감옥에 투옥되었다. 김구는 자신을 신문하던 인천부윤 이재정을 향해 호통을 쳤다. 자신은 백성 된 '의리'로써 왜구를 죽였다고 말했다. 김구의 당당하고 의기에 찬 말은 많은 사람들을 놀라게 했다. 이러한 김구의 사정을 알게 된 고종황제는 사형 중지를 명했으며, 사형을 당할 뻔한 위기의 순간에서 살아날 수 있었다. 김구는 감옥살이를 하며 지내던 중 탈옥함에도 의리를 지키기 위해 다시 감옥으로 들어가 조덕근, 양봉구, 황순용, 김백석을 탈출시키고 자신도 탈출했다. 이 사건을 통해 김구가 예사로운 인물이 아니라는 걸 알 수 있다. 김구는 감옥에 갇힌 사람들과의 사소한 약속도 저버리지 않는 진성성과 의리를 가진 참사람이었다.

김구는 임시정부의 요인으로 많은 사람들과 교류했다. 자칫하면 비밀이 탄로나 위험한 상황에 처해질 수 있는 순간에도 의리로써 믿음과 신뢰를 견고히 했다. 이를 잘 아는 중국 정부의 관료들은 김구의 부탁을 거절하지 않고 들어줌으로써 임시정부를 이끌어 가는 데 큰 도움을 얻곤 했다. 이런 김구의 성품은 이승만과의 관계에서도 잘 보여준다. 그는 대통령 자리나 지원금 등에 있어서나 무엇이든 먼저 이승만에게 양보했다. 그러나 이승만은 달랐다. 그는 자신만 알았다. 의리 따위는 안중에도 없었다. 김구가 진정한 지도자라는 것은 남을 먼저 생각하고, 국민을 먼저 생각하는 그의 진정성과 의리에 있다.

"마음은 겸손하고 허탈하게 가져야 한다. 마음이 겸손하고 허탈하면 곧 의리라는 것이 들어와 자리를 잡는다. 마음속에 의리라는 것이 들어와 자리를 잡게 되면, 자연 그 마음속에 허욕이라는 것이 들어가지 못한다."

《채근담採根譚》에 나오는 말로 의리는 겸손한 마음에서 싹트는 것이라는 걸 알 수 있다. 김구의 의리는 바로 그의 겸손함에서 온 것이다. 김구는 자리에 연연해하거나 물질에 대한 욕심이 없었다. 그가 임시정부의 문지기라도 해서 나라를 찾는 일에 힘을 보태야겠다고 한 말에서 그의 그러한 성품을 잘 알 수 있다. 김구는 어떤 일에서든 남을 먼저 배려하고 생각했다. 이런 김구의 의리와 겸손함은 많은 사람들로부터 신뢰를 얻기에 충분했다.

💬 의리를 목숨처럼 여겨야 할 3가지

- 이 사회는 다양한 환경에서 태어나 자라란 사람들이 어울려 사는 공동사회다. 배움의 정도, 성격, 인생의 가치관, 부의 정도도 제각각이다. 이런 사람들이 모여 사는 공간인 만큼 도덕과 윤리를 지키고 법을 지킴으로써 질서를 유지해 나간다. 그런데 의리를 지키고 행한다면 이는 그 어느 제도보다도 인간의 삶과 질서를 조화롭게 유지할 수 있다.

- 의리는 인간이 지켜야 할 마땅한 도리이다. 의리를 잘 지키면 인간관계에 있어 소통이 잘 이루어진다. 그러나 의리를 지키지 않으면 인간관계가 막히게 된다. 의리는 소통을 잘 이어나가느냐를 결정짓는 매우 중요한 소통의 요소이다.

- 그 사람의 품격을 결정짓는 데는 여러 요소가 있다. 책임감, 약속 지키기, 말과 행동, 교양 등을 꼽을 수 있는데 그중에서도 의리는 매우 중요한 자리에 놓인다고 하겠다. 다른 것을 다 갖췄다고 해도 의리가 없다면 품격 있는 사람으로 인정받을 수 없다. 인간의 도리를 어긴다는 것은 인간임을 포기하는 것과 같다고 할 만큼 의리는 품격 있는 인생

의 중요한 근본 요소라고 할 수 있다.

"처세하는 데 있어서는 마땅히 자기가 지킬 도리를 다할 것이며 의리를 지켜야 한다. 그러므로 세상의 저속한 말이나 풍문 그리고 남의 잘못까지도 일체 입에 담지 말아야 한다."

율곡 이이가 학문하는 방향에 대해 일러주기 위해 지은《격몽요결擊蒙要訣》에 나오는 말로써, 사람이 처세를 하는 데 있어 의리가 얼마나 중요한지를 잘 알게 해주는 말이라고 하겠다. 이처럼 의리는 예나 지금이나 동서양을 막론하고 반드시 필요한 소통의 마인드이다.

당신은 의리에 대해 어떻게 생각하는가? 당신의 의리를 점수로 평가한다면 과연 몇 점이나 줄 수 있을지를 생각해보는 것도 의리의 중요성을 환기시키는 데 도움이 될 것이다. 우리 사회에서 일어나는 소소한 사건에서부터 큰일에 이르기까지 그 바탕에는 의리의 결여에 있음을 볼 수 있다. 부부간에도, 부모자식 간에도, 형제간에도, 친지와 친척 간에도, 친구 간에도 의리가 지켜지지 않아 문제가 야기되는 일이 대부분이다. 의리를 잘 지켜 행하는 사람은 인간관계가 참 좋다. 사람들이 그를 믿고 신뢰하기 때문이다. 하지만 의리를 잘 지키지 않으면 인간관계가 막히게 되고, 그것은 곧 자신의 발전을 저해하는 요인으로 작용한다. 이런 상태에서는 소통이 제대로 될 리가 없다. 김구가 왜 의리를 목숨처럼 소중히 여기고, 잘 지켜 행했는지를 잘 알 수 있을 것이다. 의리는 곧 소통의 생명줄인 것이다.

둘째, 진실한 마음으로 인간을 존중하고 사랑했다

"백범 선생은 모든 사람을 존중했다."

이는 김구의 비서였던 선우진이 한 말이다. 모든 사람을 존중한다는 것은 인간을 사랑하는 마음이 없이는 절대로 할 수 없다. 존중이란 의미에는 '사랑'에 대한 예의가 포함되어 있기 때문이다. 모든사람을 사랑하고 존중하는 마음은 선하고 어진 마음이 있어야만할 수 있다. 즉, 모든 사람을 섬기는 마음의 자세는 바로 이런 마음에서 나오는 것이다. 김구는 자신을 섬기듯 지위가 높든 지위가 낮든 편견을 두지 않고 섬기는 자세로 사람들을 대했던 것이다.

김구는 귀국 후 경교장에서 생활을 했는데 경제적으로 매우 어려웠다. 정부에서 지원을 해주는 것도 없이 여기저기서 지원금이 들어오면 직원들의 월급을 챙겨주었지만 지원금이 신통치 않았다. 그러다 보니 경교장에 근무하는 직원들에게 월급을 주지 못할 때가 많았다. 어쩌다 돈이 생기면 생활비로 얼마의 돈을 주기도 했는데, 김구의 며느리인 안미생이 변통해서 챙겨주었던 것이다.

식사 때는 따로 상을 봐서 김구가 거처하는 2층에 올려다 주었다. 직원들은 아래층 식당에서 따로 식사를 했다. 경제적으로 어렵다 보니 김구에게는 쌀밥을 들게 하고, 직원들은 보리밥을 먹었다. 김구는 이런 사실에 대해 전혀 알지 못했다. 그러던 어느 날 아래층 식당으로 내려 온 김구가 우연히 직원들이 보리밥을 먹고 있는 모습을 보게 되었다.

"자네들은 왜 보리밥을 먹고 있는가?"

"저희들은 보리밥이 좋습니다."

직원들은 하나같이 보리밥이 좋아서 먹는다고 말했다. 하지만 김구는 그들이 하는 말을 곧이듣지 않았다. 그들이 자신이 걱정할까 봐 그런다는 걸 눈치로 알았던 것이다. 김구는 대뜸 이렇게 말했다.

"그래? 그럼 나도 내일부터는 식당에서 같이 먹겠네."

그러자 놀란 직원들이 말했다.

"선생님, 그러면 저희들이 불편해서 안됩니다."

"아닐세. 나도 함께 먹겠네."

김구의 말에 직원들도 더 이상 어찌할 수가 없었다. 그날 이후 김구는 아래층 식당에서 직원들과 함께 식사를 했다. 그러나 직원들이 하도 만류를 하는 바람에 떠밀리다시피 다시 2층에서 식사를 했다.

이를 보면 김구는 자신의 신분 따위에는 별다르게 생각하지 않고, 직원들의 입장에서 생각하고 행동했다. 다시 말해 경제적으로 어려워 직원들은 보리밥을 먹는데 자신 혼자서만 쌀밥을 먹을 수 없었던 것이다. 그것은 인간에 대한 도리가 아니라고 여겼던 것이다. 자신의 입도 직원들의 입도 다 똑같은 입이라고 생각했다. 김구가 이처럼 할 수 있었던 것은 직원들이 단지 자신이 부리는 아랫사람이 아니라 인격을 가진 존재 즉, 자신과 같이 동등한 존재라고 생각했던 것이다. 이는 인간에 대한 진실한 사랑 없이는 할 수 없는 행동이다.

김구가 병원에 입원을 한 적이 있는데, 그때 간호사들이 독립운동 얘기를 해 달라고 하자 아주 유머러스하게 말해주었다는 것은 잘 알려진 이야기이다. 김구는 간호사들의 말도 허투루 듣지 않고 그들과 소통하며 격의 없이 지냈다. 그의 인간적인 풍모를 잘 알 수 있다.

"사랑을 하는 자의 첫째 조건은 마음이 순결해야 한다. 상대방의 인격을 존중하지 않고는 진실한 사랑이라고 할 수 없다. 또한 그 마음과 뜻이 흔들림이 없어야 한다. 신의 앞에서도 부끄러움이 없고 동요함이 없어야 한다. 그리고 담대함과 용기를 지녀야 한다."

이는 프랑스의 소설가이며 비평가이자《좁은 문》,《지상의 양식》으로 유명한 앙드레 지드가 한 말로 사람을 사랑하는 데는 마음이 순결해야 한다고 말하며, 마음이 순결해야 상대방의 인격을 존중할 수 있고 진실하게 사람을 사랑할 수 있다는 것이다. 김구가 모든 사람을 존중하고 사랑할 수 있었던 것은 그만큼 마음이 순결하고 진실했기 때문이다.

💬 인간을 존중하고 사랑하는 3가지

● 진정성 있는 사람은 사람들을 대할 때 함부로 대하지 않는다. 자신을 사랑하고 존중하듯 상대방에게 예의를 다한다. 진정성은 진실한 마음이 있을 때만이 우러나오는 참마음이다. 진정성을 반드시 갖춰야 한다.

● 상대를 배려하는 마음을 가져야 한다. 배려하는 마음이 좋으면 상대를 존중하고 사랑하는 마음으로 대하게 된다. 그러면 상대 또한 존중하고 사랑하는 마음으로 온다. 배려는 참 좋은 소통의 요소이다.

● 사람은 자신이 상대에게 하는 대로 받는 법이다. 상대로부터 존중받고 싶다면 먼저 상대를 존중하라. 자신은 잘 하지 못하면서 상대가 잘 해주기를 바란다는 것은 무지가 아닐 수 없다. 자신이 하는 대로 돌려받는 것, 이것은 인간관계의 당연지사이다.

"사람은 누구나 이기적이다. 사람은 누구나 다른 사람보다 자기 자신에게 관심이 더 많다. 사람은 누구나 다른 사람들로부터 존경과 인정을 받고 싶어 한다. 좋은 인간관계를 유지하고 싶다면 이 세 가지 사실을 확실히 기억해야 한다."

이는 경영컨설턴트이자 인간관계와 동기부여가이며《Yes를 이끌어내는 설득의 심리학》의 저자인 레스 기블린이 한 말로 인간관계에 있어 상대를 존중하는 것이 얼마나 중요한 일인지를 잘 알게 한다. 사람은 누구나 자신을 존중해주는 사람에게 관심을 기울이고 그와 소통하기를 바란다.

"언제 어디서 능력 있는 사람을 만나게 될지 알 수 없다. 따라서 나는 항상 모든 사람과의 만남이 하나의 인터뷰라고 생각한다."

이는 제너럴 일렉트릭 회장이자 최고경영자를 역임한 잭 웰치의 말이다. 그의 말에는 인간에 대한 예의와 자신이 만나는 상대를 통해 무언가를 배우고자 하는 마음이 잘 나타나 있다. 그런 마음을 갖고 있는 그는 어느 누구를 만나도 진지하게 그리고 상대를 존중하는 자세로 만난다는 것을 알 수 있다. 참으로 바람직한 자세라고 할 수 있다.

당신은 이에 대해 어떻게 생각하는가? 당신 또한 공감할 것이다. 사람은 누구나 대접받기를 원하고 존중받기를 바란다. 그런데 함부로 여긴다고 생각해보라. 자신을 함부로 여기는 사람과 소통하기를 꺼림은 물론 자신이 받은 대로 되갚아주려고 할 것이다. 김구는 이러한 인간관계의 중요성을 누구보다도 잘 알았으며, 자신이 만나는 사람이 그 누구든 존중하는 마음으로 대해주었다.

'가고가하加高加下'라는 말이 있다. '어진 사람은 지위의 높고 낮음

을 가리지 않는다.'라는 말로 김구는 인간 그 자체를 매우 소중히
여겼던 것이다. 김구는 참으로 어진 성품을 가진 인격자였다. 당신
또한 사람 그 자체를 소중히 여기고 존중하라.

셋째, 믿음과 신뢰를 중요시했다

인간관계를 튼실하게 이어가기 위해서는 믿음과 신뢰를 갖춰야
한다. 믿음은 나와 상대방을 굳게 맺어줌으로써 상호간에 신뢰를
맺게 하는 중요한 마인드이자 소통의 필수요소이다. 그런데 믿음이
없다고 해보라. 서로를 불신하게 되고, 그 어떤 말을 하더라도 귀를
기울이지 않으려고 할 것이다. 이런 불신관계에서는 신뢰를 쌓을
수 없기 때문이다. 믿음과 신뢰가 굳건하다면 모든 것이 순조롭게
이어지지만, 불신으로 가득차면 태산이 무너져 내리듯 불행한 사태
에 직면하게 된다.

믿음의 중요성에 대해 미국의 교육자이자 사회주의 운동가이며
작가인 헬렌 켈러는 다음과 같이 말했다.

"믿음은 산산조각 난 세상을 빛으로 나오게 하는 힘이다."

헬렌 켈러의 말에서 보듯 믿음은 무너진 세상을 새롭게 재건시킬
만큼 중요하다. 김구는 믿음과 신뢰를 매우 중요하게 여겼다. 인간

관계에서 믿음과 신뢰가 깨지면 더 이상 나와 너, 우리라는 울타리가 무너진다는 것을 잘 알았기 때문이다. 특히 조국의 독립을 위해 함께 투쟁하는 동지들에게 있어 믿음과 신뢰는 목숨과도 같은 것이었다. 김구는 사람을 대할 때 늘 믿음과 신뢰로써 대했다. 처음 본 사람들 중에도 이 사람은 나를 배신하지 않을 거라는 확신을 갖고, 믿음에 눈으로 사람들을 대하면 상대에 대한 그의 믿음과 신뢰는 그대로 적중했다. 김구가 임시정부의 재무부장 및 상해 민단 단장으로 재직하던 어느 날, 낯선 남자가 찾아왔다. 그는 자신을 일본에서 왔다며 소개를 한 뒤 독립운동을 하고 싶다고 말했다.

"당신들은 독립운동을 하면서 왜 일왕을 죽이지 못합니까?"

김구는 느닷없는 남자의 말에 이렇게 말했다.

"하급관리를 죽이기도 어려운데 어떻게 일왕을 죽일 수 있겠소."

김구에 말에 남자가 말했다. 자신이 일본에 있을 때 일왕이 행차하는 것을 본 적이 있는데, 그때 자신에게 폭탄이 있었더라면 민족과 조국의 원흉인 일왕을 쉽게 죽였을 거라고 말했다. 그리고 그는 조국의 독립을 위해 자신이 직접 일왕을 죽이겠으니 지원을 해달라고 간청했다. 김구는 그의 말을 듣고 쾌히 승낙했다. 그의 의지가 너무도 확고했음을 본 것이다.

김구는 철저히 비밀리에 거사를 준비했다. 그리고 일 년여 동안 준비를 마친 다음 남자를 일본으로 보냈다. 일본으로 간 남자는 기회를 엿보다 히로히토에게 수류탄을 던졌다. 그러나 안타깝게도 실패로 끝나고 말았다. 하지만 이 사건은 전 세계에 보도되었고, 독립에 대한 대한민국의 확고한 의지를 보인 절호의 기회가 되었다. 그로 인해 해외 동포들로부터 격려와 함께 후원금이 답지하여 침체에 빠졌던 임시정부가 활기를 되찾기 시작했다. 이 거사를 실행한 남자는 바로 이봉창 의사이다.

"그저께 선생께서 해진 옷 속에서 꺼내 주신 큰돈을 받아갈 때 눈물이 나더이다. 일전에 민단 사무실 직원들이 밥을 굶은 듯하여, 제 돈으로 국수를 사서 같이 먹은 일이 있습니다. 그런데 생각지 못한 돈뭉치를 믿고 주시니 아무 말도 못하겠더이다. 제가 이 돈을 마음대로 써 버리더라도, 선생님은 불란서 조계지에서 한 걸음도 못 나오실 터이지요. 과연 영웅의 도량이십니다. 제 일생에 이런 신임을 받은 것은 선생께 처음이요, 마지막입니다."

이는 이봉창이 한 말로 그가 일본으로 거사를 벌이러 갈 때 김구는 그에게 폭탄 두 개와 돈 300원을 주었다. 거사를 벌이고 마지막 가는 길에 그에 대한 아낌없는 사랑과 예우를 보여준 것이다. 이봉창은 김구의 믿음과 신뢰에 대한 감사한 마음을 이처럼 표현했다. 믿음과 신뢰에 대한 김구의 또 다른 이야기이다.

어느 날 임시정부로 어떤 청년이 찾아왔다. 그는 김구에게 조국을 위해 자신이 무엇인가를 하고 싶다고 말했다. 김구는 그 청년을 유심히 살펴보았다. 그 청년은 자신은 상해 홍구시장에서 채소 장사를 한다고 말했다. 그러고는 채소장사를 하는 이유가 큰 뜻을 이루기 위해서라고 말했다. 그러면서 자신을 지도해달라고 간청 했다. 그 청년의 굳은 의지에서 믿음과 신뢰를 본 김구는 그렇게 하겠다며 그의 요청을 수락했다. 드디어 거사 날이 되었다. 청년 은 그동안 연습한 대로 침착하게 거사의 기회를 엿보았다. 그리고 마침내 폭음과 함께 폭탄이 터지면서 경축장은 쑥대밭이 되었다. 이날 거사로 상해파견 사령관인 시라카와 대장은 사망하고, 9사 단장 우에다 중장은 발가락을 잘리고, 거류민단장은 사망했으며, 제3함대 사령관 노무라는 오른쪽 눈을 잃었다. 이 사건으로 임시 정부의 위상은 높아졌고, 조국에 있는 국민들과 해외 동포들에게 큰 희망과 위안이 되었다. 또한 전 세계에 대한민국의 위상을 널 리 알리는 데 큰 역할을 했다. 홍구공원 거사의 주인공 청년은 윤 봉길 의사이다.

이 두 가지 일화에서 보듯 사람에 대한 김구의 믿음과 신뢰를 잘 알 수 있다. 그는 처음 본 이봉창과 윤봉길에게도 믿음과 신뢰를 보 여줌으로써 그들이 조국과 민족을 위해 헌신하는 데 큰 힘을 주었다. 김구는 한 번 믿고 신뢰한 사람은 끝까지 신뢰했다. 그래서 김구와 함 께 뜻을 모은 이들은 하나같이 자신에게 주어진 역할을 훌륭하게 해 냈다. 믿음과 신뢰는 상대의 마음을 열게 하는 마인드 키Mind Key이다.

💬 믿음과 신뢰를 중요시하는 3가지

● 인간관계에 있어 믿음은 인간관계를 돈독히 하고 굳건하게 이어주는 신뢰의 끈이다. 믿음이 있고 없느냐에 따라 신뢰의 비중도 달라진다. 인간관계를 매끄럽게 하고 삶의 질을 높이고 싶다면 소통 능력을 키워라. 믿음과 신뢰는 소통을 원만하게 하는 소통의 키이다.

● 풍요로운 물질과 사회적 지위를 가졌다고 해도 믿음과 신뢰가 부족하면 소통에 문제가 발생한다. 물질과 지위는 소통을 매끄럽게 하는 데 그다지 중요하지 않다. 보다 중요한 것은 물질과 지위에 있는 것이 아니라 그 사람의 믿음과 신뢰에 있다.

● 한 번 깨진 믿음과 신뢰를 회복한다는 것은 태산을 이쪽에서 저쪽으로 옮기는 것보다도 더 어렵다. 깨진 접시를 접착제로 붙인다고 해도 원래의 온전한 접시가 될 수 없는 것처럼 믿음과 신뢰 또한 마찬가지다. 믿음과 신뢰를 깨는 말과 행동을 조심해야 한다. 믿음과 신뢰의 정도에 따라 그 사람의 품격도 달라지는 것이다.

'스스로를 믿는 사람은 또한 남을 믿어서 원수도 형제처럼 될 수 있다. 스스로를 의심하는 사람은 남도 또한 의심하나니, 자신 이외에도 모두가 적국敵國처럼 된다.'

이는 《명심보감明心寶鑑》에 나오는 말로 믿음을 갖기 위해서는 스스로를 믿어야 됨을 말하고, 자신을 믿는 자는 남은 물론 원수까지도 형제로 만들 수 있다고 말한다. 이에 대해 하나 더 살펴본다면 무신불립無信不立이란 고사성어가 있다. '믿음이 없으면 살아갈 수 없다'는 뜻으로 세상을 살아가는 데 있어 믿음이 매우 중요하다는 것을 말한다.

이처럼 믿음과 신뢰는 인간의 삶에서 매우 중요하다. 그런데 보다 중요한 것은 상대에 대한 믿음과 신뢰를 갖기 위해서는 먼저 자신이 자신을 믿고 신뢰해야 한다는 것이다. 자신이 자신을 믿지 못하면 남 또한 믿지 못한다는 말이다.

사람들 중엔 스스로를 믿지 못하는 이들도 많다. 자신이 자신을 믿지 못한다는 것은 자신의 인생에 있어 치명상이 된다. 왜냐하면 자신을 믿지 못함으로 남도 믿지 못하기 때문이다. 당신은 당신 자신을 믿는가? 그렇다면 당신은 남을 믿는 데 문제가 없다. 그러나 당신 자신을 믿지 못한다면 남도 믿지 못하게 된다.

늘 당신을 살펴 믿음과 신뢰를 길러야 한다. 이를 꾸준히 실천으로 옮긴다면 어느 누구에게도 믿음과 신뢰를 줄 수 있으며, 당신이 하는 일을 잘 되게 함은 물론 당신이 원하는 삶을 살아가게 된다. 인간관계를 매끄럽게 이어주고, 소통을 원만하게 해주는 믿음과 신뢰를 소중히 하라.

Elegance of
Communication

김구의
소통 비법 포인트

인간관계에 있어 의리는 매우 중요하다. 의리가 있는 사람은 상대를 배신하거나 곤경에 처하게 하지 않는다. 그래서 의리가 있는 사람은 누구에게도 좋은 평가를 받는다. 김구는 의리를 목숨처럼 소중하게 여겼다.

진실한 마음을 가진 사람은 소통하는 데 있어 매우 유리하다. 거기다 상대를 존중한다면 더더욱 소통에 막힘이 없다. 김구는 진실한 마음으로 인간을 존중하고 사랑함으로써 소통하는 데 막힘이 없었다.

믿음과 신뢰를 중요하게 생각하는 사람은 사람들과 소통하는 데 있어 막힘이 없이 잘 해나간다. 믿음과 신뢰가 두터운 사람을 멀리하는 사람은 없다. 도리어 그런 사람과의 인연을 소중하게 생각한다. 김구는 믿음과 신뢰를 중요히 함으로써 임시

정부의 주석으로서 본분을 다했으며 국민들로부터 열렬한 지
지와 환영을 받았다.

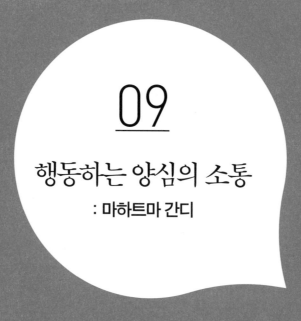

09

행동하는 양심의 소통

: 마하트마 간디

마하트마 간디 Mohandas Karamchand Gandhi, 1869~1948

인도의 민족운동 지도자이자 무저항주의자이다. 인도의 작은 소공국인 포르반다르 총리를
지낸 아버지 카람찬드 간디 셋째 아들로 태어났다. 간디의 부모는 철저한 힌두교 신자로 부
모의 영향을 받은 간디는 어린 시절부터 정직과 성실성이 몸에 배었다. 간디는 영국으로 유
학을 하여 법률을 공부하고 변호사 자격을 취득했다. 그는 인도로 돌아온 후 남아프리공화
국에서 변호사로 일했다. 그러던 어느 날 기차를 타고 가다 백인차장으로부터 심한 모욕을
받고 차별받는 동포들을 위해 정치가로 삶을 바꾼다. 인도로 돌아온 그는 인도 독립을 위해
목숨을 걸고 무저항으로 투쟁한 끝에 인도의 독립을 이끌어내 인도 독립의 아버지로 추앙받
는다. 주요 저서로는《인도 자치》,《윤리종교》가 있다.

| 인내와 절제의 비폭력주의 사상가 |

인도의 영원한 평화주의자 간디는 서인도 카티아와르 번왕국 사우라슈트라주 포르반다르의 명문가에서 태어났다. 그의 아버지는 재상이며 부호였다. 어린 시절 간디는 매우 유약하고 소심한 성격으로 두려움이 많았지만 그 이면은 정직하고 강한 면도 지닌 전형적인 외유내강형이다.

간디는 부모로부터 힌두교 자이나파의 교육을 받았지만, 미래를 위해 영국으로 유학을 떠나 런던 대학에서 법률을 공부했다. 영국 사람들에게 온갖 멸시와 차별을 받으며 공부를 마친 간디는 영국에서 변호사 일을 할 수도 있었지만, 영국의 식민지였던 조국 인도로 귀국했다. 그는 봄베이 법원 관할하에서 변호사 사무소를 차리고 일을 시작했다.

간디는 자신의 나라가 영국의 식민지라는 사실에 늘 가슴 한쪽이 시리고 아팠으며, 조국을 위해 무언가를 해야 한다는 막연한 생각에 사로잡히곤 했다. 하지만 늘 생각뿐이었다. 그런데 그런 간디의 일생을 바꾸어 놓는 사건이 운명처럼 그를 기다리고 있었다.

1893년 간디는 남아프리카공국의 나탈로 부임을 하게 되었다. 부임 후 그는 상관 소송을 마치고, 열차를 타려다가 백인 차장이 제지를 하자 변호사 자격증을 보였으나 묵살을 당하고, 문밖으로 내동댕이쳐지는 수모를 당했다. 간디로 그 일로 인해 현지 인도인들의 고통을 알게 되었다. 남아프리카공화국 백인들로부터 인종차별을 받은 후 간디의 소심했던 성격은 대담하고 강인한 성격으로 급선회하며 당시 남아프리카공화국에 있던 7만 명의 인도인의 권리와 인종차별을 막아내기로 결심했다.

제1차 세계대전이 일어나자 1914년 인도로 귀국했다. 그리고 곧바로 노동운동과 민족 해방운동의 지도에 전념하고, 인도의 독립을 앞당기기 위해 영국의 입장을 지지했으나, 전쟁이 끝난 후 영국의 배신과 1919년 롤라트 법안과 같은 반란진압조령의 시행 때문에 사티아그라하운동을 전개했다. 이를 위해 간디는 인도의 여러 곳을 순회하며 인도인들에게 운동에 동참할 것을 호소했다. 그 후 간디는 영국에 대한 비협력운동 방침을 세우고 납세 거부, 취업 거부, 상품 불매운동을 통한 비폭력저항을 시작했다. 이에 비협력운동이 선언되고 불매운동은 성공했지만, 인도 각지에서 유혈사태가 일어났다. 간디의 호소로 운동은 잠시 중지되었다. 이 일로 간디는 투옥되었고, 석방된 후 인도 국민회의파의 의장으로 있으면서 인도인이 자력에 의한 농촌구제에 나설 것을 촉구하고 인도 전국을 돌아다니며 자신의 주장을 펼쳤다. 간디는 다시 투옥되었다가 석방된 후 어윈 총독과 절충을 한 결과 간디어윈협정을 체결하며 영국에 대한 불복종운동을 중지했다. 그러나 약속을 어기고 영국인들이 인도인을 탄압하자 다시 영국에 대한 불복종운동을 전개하여 또다시 투옥되었다.

1932년 석방된 간디는 변함없이 자신의 의지를 불사르며 운동을 펼쳤다. 그러던 중 제2차 세계대전이 일어나자 영국은 인도의 지지를 얻지도 않은 채 인도를 전쟁에 투입시켰다. 이에 또다시 투쟁을 벌이며 영국에 대항했다. 이로 인해 간디는 73세라는 나이에 또다시 투옥되었고, 1년 9개월 동안 옥고를 치렀다. 간디의 독립에 대한 끊임없는 열정은 마침내 영국의 손을 들게 했고, 독립의 기쁨을 국민과 함께했다. 그러나 힌두교와 이슬람의 대립으로 또다시 갈등에 휩싸이게 되었다. 하지만 간디는 하나 된 진정한 조국을 위해 분쟁을 막으며 애쓰다 반 이슬람 극우파 청년이 쏜 총에 눈을 감고 말았다. 그는 인도 독립의 아버지이자 민족의 영웅으로 기억되고 있다.

| 간디의 소통 비법 특징적 요소 |

간디를 보면 인간은 변화를 통해 얼마든지 위대한 사람으로 거듭 난다는 것을 알 수 있다. 한 사람의 인생이 간디처럼 변화되기란 쉽 지 않다. 하지만 그는 자신의 성격과 삶을 완전히 거듭나게 했다.

간디는 어렸을 때부터 부끄러움이 많은 성품이었다. 그러한 그의 성격은 성장해서도 별로 달라지지 않았다. 영국에 유학을 가서도 그렇고, 법률공부를 하고 변호사 자격증을 취득한 후 인도로 돌아 와서도 별로 달라지지 않았다. 타고난 성격을 바꾼다는 것은 그만 큼 어려운 일이라는 것을 간디를 보더라도 잘 알 수 있다. 그러나 그의 조용하고 부끄러움 많은 성품은 조국과 만족을 위해 살아야 겠다고 결심한 순간 완전히 변화되었다. 그는 남아프리카공화국 나 탈에 변호사사무소를 차렸다.

그러던 어느 날 기차를 타고 가던 중 백인 차장에게 수모를 당한 이후 그곳에 사는 인도인들에 대한 백인들의 차별성에 대해 깊이 생각하게 되었다. 변호사인 자신에게도 그럴진대 동포들의 고충이 매우 심각하다는 것을 알고는 동포들의 권리를 위해 최선을 다하 는 한편 인간은 누구나 평등한 존재라는 데, 사람이 왜 같은 사람들 에게 인격을 무시당하고 살아야 하는지에 대해 관심을 집중시켰다. 그러자 그의 가슴은 뜨거워지기 시작했다. 그는 조국의 독립을 위해 헌신하기로 굳게 결심했다.

간디는 부끄러움이 많은 성격이지만 그 이면에는 정직하고 믿음을 소중히 하는 마음이 강했다. 그는 사람들의 인격을 소중히 했으며, 믿음과 성실한 마음으로 사람들과 소통했다. 그리고 강한 의지와 신념으로 국민들의 화합을 이끌어냈다. 인도 국민들은 그의 지도하에 일치단결하여 항거함으로써 인도는 영국의 식민지로부터 해방했다. 간디가 인도 국민을 화합으로 이끌어낸 소통 비법의 특징에 대해 알아둔다면 사람들과 소통하는 데 있어 많은 도움이 될 것이다.

첫째, 몸소 실천하여 본이 되게 했다

번지르르한 백 마디 말보다 하나의 행동이 더 큰 믿음과 확신을 심어준다. 말은 아무리 해도 실행되는 것이 아니며, 실행을 이끌어내는 것은 하나의 움직임 즉, 실천적인 행동인 것이기 때문이다.

"행동은 말보다 소리가 크다."

《탈무드》에 나오는 말로 행동이 말보다 중요함을 의미하는 말이다. 그렇다. 아무리 말을 유창하게 하고, 미사여구를 동원한다고 하더라도 그것은 실행되지 않은 말에 불과하다. 그러나 행동은 다르다. 단 하나의 행동이라도 행동이 말보다 더 효과적인 것은 행동은 실행이 수반되기 때문이다.

간디는 독립을 위해서는 국민들을 하나로 결집시켜야 한다고 생각했다. 그가 택한 방법은 힘으로 밀어붙이는 투쟁이 아니라 무저항을 통한 항거였다. 간디가 그렇게 생각한 것은 국민이 하나가 되어 펼치는 무저항 항거는 비폭력운동으로 자유와 평화를 지키며 하는 상징성이 큰 운동이기 때문이다. 국민의 협조가 없으면 절대 불가능한 운동이므로 국민들과 하나가 되어야 했다. 간디는 국민들의 마음을 하나로 모으기 위해 가장 중요한 것은 자신이 실천으로 옮겨 국민들의 마음을 사는 거라고 믿었다. 그는 자신이 결코 약하지 않음을 보여주기로 했다.

전국을 돌아다니며 자신의 주장을 펼친 간디의 행동은 영국총독부에게는 골칫거리였다. 그의 입을 막고 손발을 묶어두기 위해 온갖 죄목을 씌워 감옥에 가두기를 주저하지 않았다. 하지만 간디는 투옥을 두려워하지 않았다. 이런 간디는 의연하고 굳센 의지는 인도 국민의 마음을 얻는 데 결정적인 계기가 되었다.

간디의 실천운동은 국민들과 소통하는 데 있어 크게 작용했다. 인도 국민은 간디를 믿고 따랐으며 일사불란하게 움직였다. 그러자 힘으로 밀어붙이던 영국은 더 이상 그들을 막을 수 없다는 것을 알고는 두 손을 들고 말았다. 간디는 실천적인 행동을 통해 국민들과 끊임없이 소통함으로써 국민의 힘을 하나로 결집시켜 마침내 승리를 이끌어냈다.

행동은 몸으로 하는 몸짓 언어다. 몸짓 언어가 말보다 사람들에게 더 크게 작용하는 것은 실천적 행위가 적용되기 때문인데 이는 행동은 말보다 더 구체적이고 그대로 드러남으로써 사람들의 뇌리에 깊이 인식되기 때문이다.

"나는 내가 할 수 있는 한 최선의 것, 내가 아는 한의 최선의 것을 실행하고 또한 언제나 그러한 상태를 지속시키려고 한다."

이는 링컨이 한 말로 실행의 필요성과 중요성에 대해 잘 알게 한다. 그 또한 실천적인 행동을 통해 자신의 뜻을 성취함으로써 국민들의 아낌없는 지지와 존경을 받았다. 인간관계를 유기적으로 매끄럽게 이어가기 위해서는 자신의 말에 대해 행동을 취함으로써 사람들과 소통해야 한다. 행동은 소통의 필수 조건인 만큼 소통하는 데 있어 매우 효과적이라고 할 수 있다.

💬 실천적 행동이 소통에 미치는 영향 3가지

- 말은 아무리 해도 말일 뿐이다. 실천이 따르지 않는 말은 공허하다. 사람들은 말이 많은 사람보다 말수는 적지만 실천력이 좋은 사람을 신뢰한다. 실천력 즉, 행동은 사람들에게 좋은 이미지를 심어주는 소통의 수단이다.

- 말이 많은 사람을 신뢰하지 못하는 것은 그만큼 실속이 없기 때문이

다. 사람들과 소통을 통해 인간관계의 폭을 넓히기 위해서는 말은 적게 행동은 크게 하라. 행동은 곧 몸짓 언어다.

● 실천력을 기르기 위해서는 습관을 들이는 것이 좋다. 한 번 몸에 밴 습관이 몸을 떠나지 않는 것처럼 습관적인 실천적 행동은 언제 어디서나 상대에게 좋은 모습으로 다가간다. 실천적인 행동은 인간관계에 있어 자신을 믿게 하는 소통의 보증수표와 같다.

"말하고자 하는 바를 먼저 실행하라. 그런 다음 말하라."

공자孔子가 한 말로 실행의 중요성을 함축적으로 잘 보여준다. 이는 무엇을 의미하는가. 말만 앞세우지 말라는 말이다. 말 앞세워 받자 좋을 것 하나도 없다. 공연히 실없는 사람이라고 여길게 빤하다. 또한 공자는 《논어論語》〈이인편里人篇〉에서 다음과 같이 말했다.

"군자욕눌어언이민행君子欲訥於言而敏行이라."

즉, 군자는 말에는 둔하여도 민첩해야 한다는 뜻이다. 이 또한 말은 줄이되 행동으로 자신의 뜻을 펼쳐 보이라는 의미이다. 이에 비해 소인小人이 군자와 다른 것은 말만 앞세우고 행동에 옮기는 것은 더디다. 실천이 없이 말뿐인 것을 구두선口頭禪이라고 한다. 그렇다면 당신은 어떤가? 말이 많은 편인가, 아니면 말수가 적은 편인가. 당신이 사람들에게 믿음을 주고 신뢰를 줌으로써 인간관계를 넓혀가기 위해서는 말은 적게 하되 행동은 민첩해야 한다, 즉, 실천적인 행동으로 말을 대신하라는 말이다.

간디가 말수는 적었지만 국민들과 소통함으로써 존경받는 인물이 될 수 있었던 것은 몸짓 언어 즉, 실천적 행동에 있었던 것처럼 당신 또한 몸짓 언어를 습관화하라. 그것이 당신이 사람들과 아름다운 인간관계를 맺는 참 좋은 비법인 것이다.

둘째, 강한 의지와 신념으로 화합을 이끌어냈다

인간관계에 있어 의지가 강하고 신념이 굳은 사람은 상대에게 믿음을 준다. 그런 사람은 무엇을 해도 대충하는 법이 없고, 도중에 포기하는 법이 없어 그와 교류한다면 자신에게 많은 도움이 될 거라는 생각에서다. 그렇다. 대개의 사람들은 자신에게 이로움이 되고 힘이 되어주는 사람에게 관심을 기울이며 그와 소통하기를 바란다. 이처럼 누군가에게 필요한 사람, 누군가가 간절하게 원하는 사람이 된다는 것은 자신에게도 매우 행복한 일이며 가치 있는 일이다.

소심했던 간디는 적극적이고 능동적으로 변화하는 계기를 맞게 되었다. 그가 남아프리카공화국의 나탈로 부임 후 열차를 타려다가 백인 차장에게 차별을 받고 나서부터다. 그 후 간디는 완전히 다른 사람이 되었다. 그의 부끄럼 많은 성격 속에 감춰진 의지가 용암이 분출하듯 그 자신을 강하게 만들었던 것이다. 완전히 다른 사람처럼 변한 간디는 인도 노동자들에 대한 학대 철폐를 주장하고 나섰으며, 주 입법의원 선거에 있어서의 인도인의 선거권의 박탈 등에 항의하여, 이에 성공함으로써 명성을 얻었다. 남아프리카공화국의 인도인들은 간디에게 열광했으며, 그가 자신들의 희망이라고 믿었다.

간디는 남아프리카공화국에서 전쟁이 일어나자 인도로 귀국하여 야전 구호반을 조직, 인솔하며 다시 남아프리카공화국을 방문하여 부상 군인 간호에 전력을 다했다. 그의 구호활동은 많은 사람들에게 깊은 감명을 주었다. 이후 간디는 남아프리카공화국인 트란스발 정부가 인도인 이민 제한을 위해 부과한 지문 등록을 거부하는 운동을 일으킨 후, 수차례 투옥되었으나 세계의 여론을 끌어들여 남아프리카공화국 정부를 굴복시키고 마침내 그것을 철회하는 데 성공했다. 이 사건을 계기로 남아프리카공화국의 간디에서 일약 세계의 간디가 되었다.

"의지력의 열쇠는 욕구다. 무언가 절실히 원하는 사람들은 대개 성취를 위한 의지력을 찾을 수 있다."

미국의 저술가인 일레인 맥스웰이 한 말로 무언가를 이루고 싶은 욕구가 강력한 의지를 불러일으킨다는 것을 잘 알 수 있다. 그렇다. 매우 적확한 지적이다. 무엇을 이루겠다는 간절함이 결국은 그 무엇을 이루게 하는 것이다.

인도인들이 인권을 회복하여 사람답게 살아갈 수 있도록 도와야 겠다는 간디의 욕구가 강한 의지를 이끌어내며 성공할 수 있었다. 간디의 강한 의지와 신념은 그를 인도의 지도자가 되게 했으며, 숱한 고난과 시련 속에서도 굴하지 않고 자신의 뜻을 관철시킴으로써 인도인들의 위대한 영웅이자 독립의 아버지로 추앙받았다. 간디가 인도 국민의 열렬한 지지를 받으며 끊임없이 소통할 수 있었던 것은 그의 의자와 신념에 있었다. 인도 국민은 간디의 강한 의지와 신념을 보고 그를 굳게 믿었으며 그를 지지했던 것이다. 의지와 신념은 그 어떤 화려하고 기름진 말보다도 사람들의 마음을 움직이게 하는 데 있어 탁월한 효과가 있음을 간디를 통해 잘 알 수 있다.

💬 의지와 신념으로 사람들의 마음을 얻는 3가지

● 인간관계에서 사람들에게 좋은 이미지를 주고, 원만한 소통을 하기 위해서는 강한 의지와 신념을 지녀야 한다. 사람들은 의지력이 약한 사람에게는 관심을 보이지 않지만, 의지가 강한 사람에게는 깊은 관심을 갖는다. 그런 사람은 자신에게 도움이 되고 유익함을 준다고 믿기 때문이다.

● 아무리 좋은 말과 기름진 말도 사람들의 마음을 사는 데 있어 의지와 신념보다 못하다. 말은 실행이 따르지 않으면 단지 말일뿐이지만, 의지와 신념만 있다면 그 어떤 것도 실행하는 데 있어 문제가 되지 않기

때문이다.

● 의지와 신념이 강한 사람은 말이 주는 공허함을 잘 안다. 그래서 쓸데 없는 말로 자신을 포장하지 않는다. 의지와 신념은 사람들의 마음을 얻는 데 매우 주효한 소통의 포인트라는 것 또한 잘 알기 때문에 의지 와 신념을 더욱 공고히 한다. 의지와 신념은 믿되 그 어떤 말도 함부로 믿지 마라.

당신이 사람들과의 소통을 원활하게 이끌어내기 위해서는 말도 잘해야 되겠지만, 의지와 신념을 강화시킨다면 아주 효과적이라는 것을 잘 알았을 것이다.

의지와 신념은 훌륭한 소통의 수단이다. 당신은 지금 당장 당신 의 의지와 신념의 지수를 확인해보라. 지수가 높다면 당신은 소통 하는 데 있어 좋은 대상자가 될 것이다. 그러나 지수가 낮다면 당신 은 소통하는 데 문제가 있을 수 있다. 그렇다고 해서 심각하게 생각 할 필요는 없다. 의지력과 신념을 기르면 된다. 다만 의지력과 신념 을 기르기 위해서는 많은 노력이 필요하기 때문에 그것을 극복하 기만 하면 된다. 물론 성격적으로 의지와 신념을 기르는 데 문제가 있을 수도 있다. 그러나 그것 또한 본인의 노력에 달렸다. 간디가 그것을 잘 보여주지 않았던가. 부끄러움이 많았고 소심했던 그가 강철의지를 지니게 된 것은 인도의 독립을 이끌어 국민들에게 자유와 평화를 되찾게 해주어야 한다는 간절한 욕구가 있었기에 가능했던 것처럼 당신 또한 무언가를 간절히 바라면 충분히 강한 의지와 신념을 갖게 될 것이다.

셋째, 조국과 민족을 위해 헌신했다

정치 지도자들이 국민과 소통을 잘하기 위해서는 국민을 내 몸과 같이 아끼고 위하는 마음으로, 국민을 섬기는 자세로 일해야 한다. 그것이 정치 지도자들이 갖춰야 할 바람직한 기본 자세이자 정치를 하는 목적이어야 한다. 그런데 국민 위에 군림하고, 국민의 의견을 무시하며 자신의 입맛대로 정치를 하려고 한다면 그는 정치 지도자로서 자격이 없다. 또한 자신의 유익을 위해 부정부패를 일삼고, 법을 어긴다면 그것은 정치 사기꾼일 뿐이다. 동서고금을 막론하고 국민들에게 존경받았던 정치 지도자들은 국민을 위해 섬기는 자세로 일했으며, 사리사욕을 위해 권력을 남용하지 않았다. 또한 어떤 방법으로든 국민들과 끊임없이 소통했으며, 국민의 정서에 반하는 것은 극도로 삼갔다.

간디 역시 이런 점에서는 다르지 않았다. 그는 조국과 민족이 영국의 식민지하에서 인권을 유린당하며 고통 속에 신음할 때 변호사라는 직업과 자신의 안녕과 행복도 내려놓고 오직 조국과 민족을 위해 헌신했다. 간디는 영국에 대한 비협력운동 방침을 세우고 상품불매운동을 통한 비폭력저항을 시작했다. 이 일로 간디는 투옥되었고, 석방된 후 인도 국민회의파의 의장으로 있으면서 인도인 자력에 의한 농촌구제에 나설 것을 촉구하고 인도 전국을 돌아다니며 자신의 주장을 펼쳤다. 이는 국민들의 힘을 하나로 결집시킴으로써 인도 국민도 한다면 한다는 강한 의지를 영국 정부에게 보여준 것이다. 영국 정부는 이런 간디를 눈엣가시로 여겼으나 그를 해하지는 못했다.

간디는 다시 투옥되었다가 석방된 후 어윈 총독과 절충을 한 결과 간디어윈협정을 체결하며 영국에 대한 불복종운동을 중지했다. 그러나 약속을 어기고 영국인들이 인도인을 탄압하자 다시 영국에 대한 불복종운동을 전개하여 또다시 투옥되었다. 석방된 후 간디는 변함없이 자신의 의지를 불사르며 운동을 펼쳤다. 그러던 중 2차 세계대전이 일어나자 영국은 인도의 지지를 얻지도 않은 채 인도를 전쟁에 투입시켰다. 간디가 이를 그냥 둘리가 없었다. 간디는 이에 거듭 투쟁을 벌이며 영국에 대항했다. 영국 정부는 간디의 손발을 묶어두기 위해 또다시 그를 투옥시켰다. 그의 나이 73세였다. 하지만 간디는 노령에도 눈 하나 깜짝하지 않았다. 자신이 비록 감옥에서 쓰러지는 한이 있더라도 독립에 대한 강한 의지를 불살랐다.

인도 국민들을 간디의 석방을 위해 저항을 멈추지 않았다. 간디가 피워 올린 독립의 의지가 인도 국민의 가슴에 불을 댕긴 것이다. 간디는 투옥된 지 1년 9개월 만에 석방되었다. 그는 석방되자마자 또다시 독립을 위해 발 벗고 나섰다. 인도 국민은 간디가 있다는 것만으로도 큰 힘이 되었으며, 그를 도와 독립운동에 박차를 가했다. 간디의 조국 독립에 대한 끊임없는 열정은 마침내 영국을 손들게 했고, 독립의 기쁨을 국민과 함께했다.

💬 조국과 민족을 위해 헌신하는 3가지

- 국민 개개인은 국가에 존속된 주권을 가진 자들이다. 국가가 각자의 삶의 바탕이 되어 주듯 국민은 국가에 대해 권리와 의무를 다해야 한다. 그렇지 않다면 국가에 대한 직무유기다. 국가가 있고 국민이 있는 것이므로 국가를 항상 자신의 앞에 두어야 한다.

- 국가는 국민의 생명과 재산을 지켜주는 헌법으로 조직화된 커다란 삶과 꿈의 공간이다. 나의 생명과 목숨을 지켜주는 국가를 위해 국민 또한 국가를 적으로부터 지켜내야 한다. 그렇지 않으면 국가도 없고 국민도 없다.

- 국민은 국가가 정한 법을 엄격히 지켜야 하고, 국가를 위하는 일이라면 목숨을 바쳐서라도 책임을 다해야 한다. 국가의 명령을 어기고 자신의 일신만을 위한다면 국민의 자격이 없다. 국민의 자격이 없음은

결국 국가를 배신하는 것과 같다.

국가와 국민은 일체를 이루는 존재이다. 국가 없는 국민은 있을
수 없고, 국민 없는 국가 또한 있을 수 없다. 그렇기 때문에 어떤 상
황에서도 국가를 지켜야 할 의무가 국민에게 있고, 국가 또한 어떤
상황에서도 국민을 지켜내야 한다. 국가 즉, 정부와 국민이 유기적
으로 소통을 하기 위해서는 정치 지도자는 열린 마음으로 국민과
함께 해야 한다. 국민의 의사에 반하는 정책보다는 국민의 생각과
하나가 되는 정책이 더 실효성이 있고, 그것은 곧 국민에게 그대로
나타난다.

국가와 국민의 바람직한 관계성이 이러하듯 당신은 당신이 소통
을 원하는 대상과의 유기적으로 소통을 이어가기 위해서는 상대가
무엇을 원하는지에 대해 관심을 기울여 맞춰주는 센스를 보여야
한다. 그렇게 될 때 상대는 당신의 진정성을 믿게 되고, 당신과의
소통을 통해 보다 나은 삶을 지향하려고 할 것이다. 그리고 당신 또
한 당신의 삶을 보다 탄력적으로 살아감으로써 가치 있는 인생으
로 거듭나게 될 것이다.

실천력이 좋은 사람은 인간관계에 있어 좋은 이미지를 준다.
실천력이 좋은 사람은 무엇을 하더라도 실효성 있게 잘 한다
는 믿음을 주기 때문이다. 그런 사람은 자신에게 플러스가 된
다고 믿는다. 간디는 몸소 실천하여 본이 됨으로써 국민들과
소통했다.

의지와 신념이 강한 사람은 사람들에게 확신을 준다. 저 사람
과 인간관계를 맺어도 손해 볼 게 없다는 생각을 주기 때문이
다. 간디는 강한 의지와 신념으로 화합을 이끌어냈다.

조국과 민족을 위해 자신을 헌신하는 사람은 국민들에게 지
지와 존경을 받는다. 그것은 자신을 희생할 때만이 할 수 있는
거룩한 일이기 때문이다. 간디는 조국과 민족을 위해 헌신함
으로써 인도의 영원한 영웅으로 추앙받고 있다.

10

정직함과 리더십의 소통

: 조지 워싱턴

조지 워싱턴 George Washington, 1732~1799

미국의 초대 대통령으로 건국의 아버지로 불린다. 미국 버지니아 웨스트모얼랜드에서 출생해 17세 때에 측량 기사로, 20세 때에 버지니아군 부관참모로 지냈으며 27세 때에 버지니아 주 하원의원으로 지냈다. 1774년에는 미국 독립군 사령관으로, 1787년에는 제헌의회 의장을 지냈다. 1789년에는 미국 초대 대통령에 선출되었으며 연임 후 정계에서 은퇴했다. 그는 종신대통령을 원하는 미국 국민들의 바람을 물리고 떠날 줄 알았던 참다운 대통령의 표상이다.

워싱턴은 어린 시절부터 정직함의 대명사로 불릴 만큼 매사에 정직했다. 또한 아랫사람이든 그 누구든 간에 인격적으로 대하는 따뜻한 인간미로 미국 국민들로부터 존경을 한 몸에 받았으며 지금도 존경받고 있다.

| 정직의 대명사이자 품격 있는 관용주의자 |

미국 초대 대통령인 조지 워싱턴은 정직한 대통령, 관용의 대통령으로 존경을 한 몸에 받았다. 그는 인간적인 면모를 잘 간직한 사람이었다. 그는 어린 시절부터 품성이 반듯하여 옳고 그름을 분명히 했다. 그가 그렇게 된 데에는 타고난 성품에도 있지만, 매사를 분명하게 하는 부모의 가르침의 영향이 컸다. 특히, 그의 어머니 메리 볼 워싱턴의 영향이 컸다. 그의 어머니는 언제나 자혜로운 언행으로 워싱턴을 가르쳤다. 어머니의 가르침으로 워싱턴은 반듯하게 자라났다.

어느 날 워싱턴이 벚나무를 자른 적이 있는데, 잘린 벚나무를 보고 아버지는 서슬 퍼런 목소리로 누가 벚나무를 잘랐느냐고 소리쳤다. 그러자 워싱턴은 자신이 그랬다고 말했다. 보통의 아이들 같으면 혼날까 두려워 숨길 텐데 워싱턴은 그걸 알면서도 사실대로 말한 것이다. 그러자 아버지는 화난 얼굴을 풀고 워싱턴을 용서해 주었다. 아들의 정직성을 보고 크게 감화를 받은 것이다.

워싱턴은 17세에 측량기사로 일하며 땅에 대한 지식을 키웠다. 그리고 농장을 운영하기도 했다. 그는 버지니아 군대의 부관 참모(소령)로 임명되었는데 그의 나이 스무 살이었다. 워싱턴은 21세 때 민병대에 입대했으며 영국군으로 편성되어 프랑스 인디언 전쟁에 참가하기도 했다. 전쟁이 끝난 후 집으로 돌아온 그는 미망인인 마사 댄드리지 커스티스와 결혼했다. 워싱턴은 결혼으로 인해 3,000명이 넘는 노예와 1만 7,000에이커의 땅이 그의 재산에 편입되어 그는 2만 2,000에이커나 되는 버지니아 주 최대의 갑부가 되었다. 농장을 운영하던 워싱턴은 미국의 독립전쟁이 일어나자 대륙군 총사령관으로 임명되었으며, 명석한 판단력과 탁월한 통솔력으로 전쟁을 승리로 이끌어냈다. 워싱턴은 1787년 버지니아 주 대표가 되었으며, 2년 뒤에 치러진 대통령 선거에서 미국 역사상 만장일치로 당선되어 대통령에 취임했다. 이후 워싱턴은 미국이 독립국가로서의 국력을 강화시키는 데 전력을 다함으로써 오늘날 세계 최강국이 되는 데 기초를 마련한 대통령으로 미국 국민들의 존경을 받고 있다. 또한 그가 존경을 받는 이유 중 하나는 연임 후 종신 대통령이 되어달라는 국민들의 바람을 뒤로 한 채 고향으로 돌아갔다는 점에 있다. 그는 고향에서 평범한 삶을 보내다 67세에 사망했다.

미국 국민들은 그의 죽음을 깊이 애도하며 그를 미국 건국의 아버지로 추앙했다. 미국의 대통령이 연임을 하고 물러나는 전통을 마련한 것이 바로 워싱턴이었다. 그는 권력의 욕심을 버림으로써 미국이 민주 국가로 발전하는 데 크게 공헌한 위대한 대통령으로서, 미국 역사의 한 페이지를 영원히 장식했다.

| 워싱턴의 소통 비법 특징적 요소 |

조지 워싱턴은 정직성과 관용이 뛰어난 성품을 가졌다. 타고난 성품에도 있지만, 어머니의 한없는 사랑과 인내를 통한 가르침이 있었다. 그의 어머니는 화를 내는 대신 늘 자상하게 문제점을 지적해주었고, 그러한 어머니의 성정은 그대로 워싱턴에게 전달되었다. 워싱턴은 명석한 두뇌로 판단력이 뛰어났으며, 사람들과 관계에서 이해의 폭을 넓히며 교류함으로써 그를 대하는 사람들에게 깊은 감명을 주곤 했다.

워싱턴은 독집전쟁 때 총사령관으로 임명되어 군대를 총지휘했다. 그는 탁월한 지도력으로 군대를 일사불란하게 통솔하여 강한 군대를 만들었지만, 그 이면에는 부드럽고 따뜻한 성품으로 사병에게도 함부로 하는 일이 없었다. 참모들이나 장졸들은 그의 탁월한 지도력과 관용에 그를 깊이 존경했으며, 힘을 하나로 결집하여 영국군을 몰아내고 독립전쟁에서 승리한 것은 너무도 유명한 이야기이다. 만일 그가 아니었다면 지금의 미국은 존재하지 않을지도 모른다. 그만큼 그의 지도력과 인품은 뛰어났다.

워싱턴이 초대 대통령에 당선되어 국정을 이끌어갈 때 그는 언제나 중립을 지키되 옳은 정책에 대해서는 적극 지지했다. 이러한 그의 국정운영 방식은 참모를 비롯한 정치인들에게 바람직한 정치의식을 갖게 했으며, 대통령인 자신과의 소통을 자연스럽게 이어가게 했다. 마음과 마음이 서로 통하고, 생각을 공유한다는 것은 어떤 일을 해나가는 데 있어 큰 힘이 됨으로써 긍정적인 결과를 낳게 한다.

워싱턴은 강력한 리더십을 지닌 대통령이었지만, 그 이면에는 부드럽고 따뜻한 소통을 통해 국민을 하나로 결집시킴으로써 신생국가인 미국이 강국으로 나아가는 데 기반을 탄탄히 다진 대통령으로 존경받고 있다. 워싱턴의 소통 비법의 특정적 요소에 대해 알아보자.

첫째, 정직함과 관용이 뛰어났다

"정직은 가장 확실한 자본이다."

미국의 사상가이자 시인인 랠프 왈도 에머슨이 한 말로 정직의 필요성을 인간관계의 경제적 관점에서 잘 보여주는 말이라고 하겠다. 즉, 인간관계를 맺음에 있어 '정직'을 갖춘 말과 행동이 인간의 삶에 미치는 영향을 잘 보여준다고 하겠다.

"정직은 최선의 방책이다."

이는 에스파냐의 작가이자 영원한 고전《돈키호테》를 쓴 세르반 테스가 한 말로 정직의 정의를 한마디로 명쾌하게 보여준다. 정직은 모든 것과 통하는 하나의 통로이자 문이다. 정직하면 언제 어디서든 누구에게나 통하게 되어 있다. 이것이 바로 정직해야 할 이유이자 목적인 것이다.

워싱턴은 정직의 대명사로 잘 알려졌다. 정직성은 본질적으로 타고나야 하지만 교육으로도 기를 수 있다. 이런 관점에서 본다면 워싱턴은 타고난 성품에 어머니의 교육이 함께 했음을 알 수 있다. 이렇듯 그의 정직성은 본질적인 것에 교육적인 것이 함께 함으로써 강건하게 유지될 수 있었다. 또한 워싱턴은 정직성 못지않게 관용 정신이 뛰어났다. 관용의 마음에는 상대를 이해하고 배려하는 따뜻함이 내재되어 있다. 상대의 모든 것을 이해하고 용서하고 받아주는 아량이 들어 있다는 말이다.

"관용이란 무엇인가. 그것은 인간애의 소유이다. 우리는 모두 약함과 과오로 만들어져 있다. 우리는 어리석음을 서로 용서한다. 이것이 자연의 제일의 법칙이다."

이는 프랑스 사상가 볼테르가 한 말로 관용의 의미를 잘 보여 준다.

워싱턴이 사령관 시절 사복을 한 채 한적한 시골길을 지나던 길이었다. 자연의 아름다움에 한껏 취해 있을 때 저쪽 한 구석에서 군인들이 막사를 짓느라 분주했다. 그는 잠깐 멈춰 서서 그들이 일하는 모습을 지켜보았다. 그런데 바로 그때 한 부사관이 장병들을 향해 큰소리로 떠들어댔다.

"야, 이 멍청이 같은 놈들아! 몸을 사리지 말고 일하란 말이다. 그렇게 꼼지락대면 어느 세월에 막사를 짓겠냐!"

그 모습을 지켜보던 워싱턴은 양미간을 잔뜩 찌푸렸다. 장병들은 무거운 것을 들고 끙끙대는데도 도와줄 생각을 안 하고 잔소리만 해댔기 때문이다. 워싱턴은 그에게 다가가 당신은 왜 함께 거들지 않느냐고 물었다. 그러자 부사관은 자신은 고참이라서 안 해도 된다고 말했다. 이에 워싱턴은 윗옷을 벗고 함께 일을 거들었다. 그러자 장병들이 참 좋아했다. 일을 끝내고 워싱턴이 옷을 입고 있는데 외출했던 부대장이 돌아와 그를 보고는 부동자세로 경례를 하며 말했다.

"사령관 각하, 여긴 어쩐 일이십니까? 그리고 장병들과 일을 하시다니요?"

"신경 쓰지 말게. 머리를 식히러 지나가다 잠깐 도운 것뿐이네."

"죄, 죄송합니다. 부하들이 알아 모시지 못해서."

부대장은 난처한 얼굴로 말했다.

"아닐세. 그렇게 생각하지 말게. 일하는 데 있어 사령관이 어딨고, 장병이 어디 있단 말인가? 모두 힘을 합쳐서 하면 더 쉽게 할 수 있지 않은가."

워싱턴의 말에 부대장도 부사관도 장병들도 모두 놀라워했다. 더구나 무례하게 굴었던 부사관은 사색이 되어 벌벌 떨었다. 사령관에게 함부로 했으니 이제 호된 벌이 따를 것이라고 여겼던 것이다. 그러나 워싱턴은 부사관에게 한 마디의 질책도 하지 않았다. 오히려 격려하며 말했다.

"우리는 모두 위대한 미국의 군인들이다. 조국과 민족을 위해 우리 모두 힘을 모아 열심히 노력하세."

"네! 사령관 각하!"

부대장과 장병들은 큰 소리로 외쳤다. 워싱턴은 일일이 장병들과 악수를 하고는 자리를 떠났다.

"야, 참 멋진 사령관이다."

"그래, 정말 사려가 깊은 분이셔."

장병들은 워싱턴의 인간다운 모습에 매료되어 칭송이 자자했다.

이 이야기를 통해 워싱턴의 사람 됨됨이를 알 수 있다. 총사령관이란 막강한 권력을 쥐고도, 한없이 겸손하고 인간적인 면모를 지녔다는 것을 말이다. 이 이야기는 군대마다 회자되었고, 국민들에게까지 알려지며 국민들을 감동시켰다. 국민들은 더욱더 워싱턴을 존경했다. 워싱턴의 정직성과 관용정신은 장졸들은 물론 국민들과 소통으로 이어졌음을 알 수 있다. 이처럼 품격 있는 지도자를 어찌 따르지 않을 수 있을까. 정직성과 관용정신은 워싱턴에게는 국민과 하나가 되게 하는 훌륭한 소통의 수단이었다.

💬 정직성과 관용을 기르는 3가지

- 정직성은 자신의 인품을 사람들에게 가장 확실하게 드러내 보이는 마인드이다. 따라서 정직한 사람은 누구에게나 좋은 이미지를 줌으로써 소통하는 데 있어 매우 유리하다. 정직한 사람은 믿어도 좋다고 확신이 서기 때문이다. 정직성은 소통의 언어와 같아 좋은 인간관계를 맺기 위해서는 반드시 정직성을 갖춰야 한다.

- 관용이 좋은 사람은 마음이 유하고 너그럽다. 그래서 인간관계에 있어 부담이 없고 함께 교류해도 좋다고 생각하게 한다. 사람들과 좋은 관계를 갖고 싶다면 상대를 배려하고, 상대의 잘못을 이해하고, 상대편의 입장에서 생각하는 마음을 반드시 길러야 한다.

● 정직성과 관용은 인간이 마땅히 지녀야 할 마인드이다. 정직성과 관용은 소통하는 데 있어 믿음과 신뢰를 주기에 충분하기 때문에 믿음과 신뢰의 징표라고도 할 수 있다. 원만한 인간관계를 통해 지속적으로 소통을 잘하고 싶다면 정직성과 관용을 습관화하라.

　당신은 당신의 정직성과 관용의 지수에 대해 어떻게 생각하는가? 긍정적으로 생각한다면 당신은 좋은 품성을 지닌 사람이라고 할 수 있다. 그러나 그와 반대라면 반드시 당신의 정직성과 관용의 지수를 높이도록 노력해야 한다. 물론 정직성과 관용은 선천적으로 타고나는 성품이지만, 후천적으로도 얼마든지 기를 수 있다. 정직성과 관용을 기르는 3가지를 습관화시킬 수 있도록 해야 한다. 몸에 배면 언제 어디서 누구를 만나도 당신의 좋은 품성으로 상대가 당신에게 먼저 다가오게 할 수 있다. 품성이 좋은 친구를 둔다든지, 품성이 바른 동료를 둔다면 당신의 삶도 그만큼 질적으로 향상될 수 있다.

　유유상종類類相從이라는 말이 있듯 사람은 자기와 성품이 비슷한 사람과 교류할 때 부담이 적고, 상대를 이해하고 배려하는 마음이 한층 더 커지는 법이다. 그리고 그로 인해 인간관계에서 활발하게 소통함으로써 자신의 삶을 한층 업그레이드시키게 된다.

둘째, 강력한 리더십으로 믿음을 주었다

사람들 사이에서 리더십이 좋은 사람은 긍정적으로 평가받는다. 리더십이 좋은 사람은 대개 긍정적이고 낙관적인 성격을 지녔다. 이런 사람을 많이 알아둔다는 것은 큰 인적자산이 될 수 있기 때문이다. 그러나 소극적이고 비관적인 사람은 누구와도 잘 어울리지 못한다. 그래서 그런 사람 주변에는 사람이 별로 없다. 워싱턴은 판단력이 좋고 리더십이 탁월했다. 1752년 워싱턴은 스무 살이라는 약관의 나이에 소령 계급장을 달고 버지니아군대의 부관 참모로 임명되었다. 비록 나이는 어리지만 그의 탁월한 능력을 인정받았기에 가능한 일이었다. 또한 그는 1753년 로버트 딘위디 주지사의 요청으로 캐나다에 소재한 프랑스인들에게 영국의 최후의 통첩을 전하기 위해 오하오 주 국경으로 갔다. 그러고는 프랑스인들에게 메시지를 전했다. 그러나 프랑스인들은 주지사의 요청을 묵살했다. 이러한 워싱턴의 보고는 북미대륙은 물론 유럽 지역에까지 알려졌다. 이런 막중한 일을 스물 한 살의 워싱턴이 했다는 것은 곧 그의 능력이 그만큼 출중했음을 방증하는 일이다. 마운트버넌의 농장에서 지내던 워싱턴은 미국의 독립전쟁이 일어나자 1775년에 대륙군 총사령관에 임명되었다. 그는 탁월한 리더십을 발휘하여 하는 전쟁마다 승리를 이끌어냈다. 그리고 마침내 영국군을 몰아내고 독립했다.

　워싱턴은 1787년 버지니아 주 대표가 되었으며, 대통령 선거에서 만장일치로 미국 초대 대통령이 되었다. 그는 강력한 리더십으로 강력한 대통령으로서 미국 국민들의 지지를 받았다. 워싱턴은 알렉산더 해밀턴이 이끄는 강력한 중앙정부를 만들려는 연방주의자와 토머스 제퍼슨이 이끄는 반연방주의자의 다툼이 치열하자 두 파의 인재들을 고르게 등용하여 균형 있게 정국을 이끌어나가 분열을 막는 리더십을 발휘했으며, 수천 명의 농민들이 납세 거부 운동으로 일으킨 위스키반란을 단호하게 척결함으로써 정부의 위신을 세움으로써 국민들에게 강력한 이미지를 심어주었다. 또한 워싱턴은 강력한 중앙정부를 수립하는 계획을 추진하면서 국가의 부채를 조성했으며, 세금제도를 효율성 있게 시행함은 물론, 국가은행을 창설했다.

　이렇듯 워싱턴은 정책의 사안에 따라 강약을 조절하는 등 무리 없이 국정을 이끌며 국민들의 열렬한 지지를 받으면서 연임했다. 국민들은 종신 대통령으로 있어달라고 했지만 그는 이를 거절하고 평범한 시민으로 돌아감으로써 평화적으로 정권을 이양하는 전통을 세웠다. 워싱턴은 역사학자들은 물론 미국 국민들로부터 가장 훌륭한 대통령 중 한 사람으로 추앙받고 있다. 워싱턴이 초대 대통령으로서 기초를 잘 닦아 놓았기에 오늘날의 미국이 존재한다 해도 지나침이 없다. 이 모두는 워싱턴의 탁월한 리더십에 있다. 워싱턴의 탁월한 리더십은 미국 국민들의 힘을 결집시키는 소통으로 이어졌고, 국민들은 그런 워싱턴을 절대적으로 지지했다. 탁월한 리더십은 말이 없어도 국민들과 소통하는 절대적인 소통의 언어라고 할 수 있다.

💬 리더십을 기르는 3가지 기술

- 리더십은 타고난 성격에 기인하는 바가 크다. 긍정적이고 능동적인 마인드로 언제나 낙관적으로 사안을 판단하고 분석하는 능력이 탁월해야 한다. 이러한 능력은 국가나 조직을 이끌어 나가는 데 필수적 요소로 소통을 매끄럽게 이어주는 훌륭한 소통의 요소이다.

- 어떤 일에도 쉬이 동요되지 않는 강인한 마인드와 용기가 뛰어나야 한다. 리더가 흔들리면 전체가 흔들리게 된다. 또한 리더가 용기백배하면 조직의 구성원들 또한 용기를 내게 된다. 리더가 되고 싶다면 강인한 마인드와 용기를 길러라.

- 리더로서 무슨 일을 추진하기 위해서는 실패에 대한 두려움이 없어야 한다. 실패의 두려움은 리더가 반드시 떨쳐버려야 할 마인드이다. 왜냐하면 리더가 실패의 두려움을 갖는다면 능히 할 수 있는 일도 실패로 끝내버리는 우를 범할 수 있기 때문이다. 리더를 꿈꾼다면 반드시 실패의 두려움을 마음속에서 떨쳐내야 한다.

셋째, 깨끗한 이미지를 심어주었다

깨끗한 지도자는 정치를 부를 축적하거나 권력을 남용하는 등 사적으로 이용하지 않는다. 오직 국가와 국민을 위해 정치를 한다. 지도자가 부를 축적하고 권력을 남용하기 시작하면 정치생명은 그것으로 끝나고 만다. 그런 사람에게 다시 정치할 기회를 주는 어리석은 국민들은 없을 테니까 말이다.

정치 지도자는 다음과 같이 기본적인 자세를 갖춰야 한다.

💬 정치 지도가가 갖추어야 할 기본 자세

- 정치를 사적인 이기심과 탐욕을 위해 이용하지 말아야 하며, 오직 국가와 국민을 위해 헌신해야 한다.
- 권력을 이용하여 재산을 불리고, 청탁을 하는 등의 국가와 국민의 정서에 반하는 언행을 해서는 안 된다.
- 헌법을 준수하고 국민의 공복으로서 국민 위에 군림해서는 안 된다. 하나도 둘도 셋도 국가와 국민을 위해 존재하는 공복이어야 한다.
- 당리당략을 위해 야합을 하거나 국민의 정서에 반하는 행위를 각별히 유념해야 한다.
- 품위를 떨어트리는 언행을 조심하고, 공과 사를 엄격히 함으로써 정치인으로서의 위상과 가치를 높이도록 노력해야 한다.

워싱턴은 강력한 정부를 만들기 위해서는 강력한 리더십이 있어야 한다고 믿고, 국정을 운영했다. 개인을 위해 부를 축적하지도 않았으며, 권력을 함부로 남용하지 않았다. 개인의 영달을 위하는 일은 어떤 일도 하지 않았다. 워싱턴은 정치 지도가가 갖추어야 할 기본 자세를 잘 갖춘 지도자였다.

특히, 워싱턴은 떠날 때를 아는 멋진 대통령이었다. 한 사람이 오래 권좌에 있다 보면 독재가 될 수 있다. 워싱턴은 이를 잘 알았던 것이다. 사실 권력의 맛을 본 사람은 쉽게 자리에서 내려오지 못한다. 그러다 보니 욕심을 부리게 되고, 그러는 과정에서 유혈사태가 나기도 한다. 세계사적으로 볼 때 권력에 눈이 멀어 자신을 망친 지도자들이 많다. 그만큼 권력의 욕망은 내려놓기가 어려운 일이다. 그러나 워싱턴은 달랐다. 그는 떠날 때를 아는 멋지고 정직한 대통령이었다. 떠날 때를 아는 지도자들은 국민의 추앙과 존경을 받는다. 내려놓기 가장 힘든 권력을 내려놓는다는 것은 국민의 마음을 확실하게 얻는 소통을 위한 특수 언어와도 같기 때문이다.

💬 깨끗한 이미지를 심어주는 3가지

● 권력이든 부든 욕심을 내서는 안 된다. 아무리 능력 있는 사람일지라도 권력과 부에 마음을 빼앗기면 더럽고 추잡한 사람이 되고 만다. 권력과 부에 대한 탐욕을 버려야 깨끗한 이미지를 주게 된다.

● 원하는 것을 얻기 위해 부정한 방법을 사용해서는 안 된다. 이는 범죄와도 같아 자신의 모든 것을 추락시키는 요인이 된다. 항상 정직하고 법을 지키며 살 때 깨끗한 인격자로서의 가치를 지니게 된다.

● 상대의 정책이 자신보다 좋다고 생각하면 인정해 주는 아량을 가져야 한다. 상대를 인정하면 자신이 뒤처지는 것이 아니라, 너그럽고 덕을 갖춘 사람으로 인정받게 된다. 상대를 인정하는 것 그것은 곧 자신이 인정받는 아름답고 깨끗한 행위이다.

"행복에는 두 갈래 길이 있다. 욕망을 적게 하거나 재산을 많게 하거나 하면 된다."

벤저민 프랭클린이 한 말로 욕망을 적게 하는 것은 곧 자신을 행복하게 하는 것이라는 말이다. 그렇다. 욕망이 적으면 욕심 또한 적다. 그렇기 때문에 상대적으로 행복은 커지는 것이다. 그런데 재산을 많게 해야 행복하다는 말은 그럴 수도 있고, 그렇지 않을 수도 있다. 그것은 물질에 대한 사람마다의 생각의 차이에 따라 달라질 수 있으니까 말이다.

당신은 물질에 대한 욕망이 크다고 생각하는가? 명예에 대한 욕망 또한 크다고 생각하는가? 물론 물질과 명예에 대한 욕망을 탓할 수만은 없다. 그것은 누구나 바라는 일이자 삶의 목적이 되기도 한다. 그러나 당신의 인생을 행복하고 깨끗하게 살고 싶다면 어떤 욕망이든 지나치면 안 된다. 지나치다 보면 반드시 문제가 생기게 된다. 무엇이든 적당한 선을 지켜야 한다. 그렇게 되면 문제가 될 일도 없고 사람들에게 원성을 들을 일도 없다. 그것이야말로 곧 당신의 이미지를 깨끗하게 함으로써 인간관계를 매끄럽게 해주는 바람직한 소통의 정석이 될 것이기 때문이다.

정직한 사람은 인간관계에 있어 좋은 이미지를 준다. 그런 사람은 사귀어도 절대로 손해 보는 일이 없다고 믿기 때문이다. 또한 마음이 너그러운 사람은 사람들로부터 좋은 평판을 받는다. 워싱턴은 정직함과 관용이 뛰어나 부하들과 국민들로부터 존경을 받았다.

리더십이 좋은 사람에게는 주변에 사람들이 많이 몰린다. 그런 사람과의 소통을 갖는다는 것은 자신에게 플러스로 작용한다고 믿기 때문이다. 워싱턴은 강력한 리더십으로 국민들에게 믿음을 주었다.

욕망이 없거나 욕심이 없는 사람은 꺼리지 않는다. 그런 사람은 자신에게 피해를 주거나 아픔을 주지 않는다고 믿기 때문이다. 워싱턴은 권력의 욕망을 내려놓을 줄 아는 깨끗한 이미지를 심어줌으로써 국민들로부터 절대적인 지지와 존경을 한 몸에 받았다.

11

겸손과 온유함의 소통

: 레프 톨스토이

레프 톨스토이 Lev Nikolayevich Tolstoy, 1828~1910

러시아의 작가, 사상가, 문명비평가이다. 부유한 명문 백작가의 4남으로 태어났다. 그러나 불행하게도 그의 나이 2살 때 어머니를 잃고, 아버지마저 여읜 채 친척에 의해 양육되는 불행한 어린 시절을 보냈다. 이러한 환경은 그가 가난하고 소외된 사람들을 위해 헌신하는 삶을 사는 데 동기부여가 되었다. 그는 '톨스토이주의'의 창시자로서 실천자로서 착취에 기초를 둔 일체의 국가적, 교회적, 사회적, 경제적 질서를 비판하는 동시에 그 부정을 폭로하고 악에 대항하기 위한 폭력을 부정, 기독교적 인간애와 자기완성을 주창했다. 톨스토이는 불세출의 작가이며 철저한 자기완성을 위한 종교인이었으며 사상가이다. 주요 작품으로《전쟁과 평화》,《부활》,《안나 카레니나》,《토스토이 인생론》등 다수가 있다.

| 겸손과 온유함, 사랑의 메신저 |

《전쟁과 평화》, 《부활》, 《안나 카레니나》, 《인생론》으로 유명한 러시아의 국민 작가이자 세계적인 작가인 레프 톨스토이. 그는 남부 러시아 툴라 현의 야스나야 폴랴나에서 부유한 명문 백작가의 4남으로 태어났다. 그러나 불행하게도 그의 나이 2살 때 어머니를 잃고, 8세 때 모스크바로 이주했다. 게다가 안타깝게도 그의 아버지 또한 사망하고 말았다. 어린 톨스토이는 친척에 의해 양육되는 불행한 어린 시절을 보내며, 카잔 대학에 입학했으나 공부에 흥미를 잃어 중퇴를 하고, 고향으로 돌아가 지주로서 영지 내의 농민생활

올 개신하려 노력했다. 그러나 그의 노력은 실패하고 말았다. 그는 이에 충격을 받고 방황을 하며 잠시 방탕한 시기를 보내다, 1851년 형의 권유로 카프카즈 군대에 들어가 복무하며 창작을 시작했다.

톨스토이는 1852년 처녀작《유년시대》를 익명으로 발표하여 네크라소프로부터 격찬을 받았다. 그 후 1854년《소년시대》,《세바스토폴 이야기》를 발표하며 청년 작가로서의 지위를 확보했다. 군에서 제대를 한 톨스토이는 1857년 서유럽 문명을 살펴보기 위해 여행을 하지만, 실망하고 귀국하여 인간 생활의 조화를 진보 속에서 추구하던 그는 내성적인 경향을 모색하게 된다. 그는 나폴레옹의 모스크바 침입을 중심으로 한 러시아 사회를 그린 불후의 명작《전쟁과 평화》를 발표하고, 이어《안나 카레니나》를 발표했다. 그는 죽음에 대한 공포와 삶에 대한 무상에 대해 심한 정신적 동요를 일으켜 과학, 철학, 예술 등에서 그 해법을 구하려 했으나 답을 얻지 못하고 종교에 의탁하게 된다. 이후《교의신학비판》,《요약 복음서》,《참회록》,《교회와 국가》,《나의 신앙》을 발표했다.

종교와 신앙에 관한 책을 쓰면서 그의 사상은 체계화되었다. 그만의 사상을 '톨스토이즘' 즉, '톨스토이주의'라고 한다. 그의 사상은 타락한 그리스도교를 배제하고, 사해동포 관념에 투철한 원시 그리스도교에 복귀하여 근로, 채식, 금주, 금연을 표방하고 간소한 생활을 영위하고, 악에 대한 무저항주의와 자기완성을 신조로 하여 사랑의 정신으로 전 세계의 복지에 기여하는 것이다. 그의 이런 사상은 사회적 문제에까지 미치자 1885년에는 사유재산을 부정하여 부인과 충돌을 한 후, 그의 일체의 저작권은 부인이 관리하게 된다. 그의 유명한 소설《부활》은 그의 사상을 잘 보여주는 대표적 작품이다. 그리고 또 다른 그의 작품은《신부神父 세르게이》, 희곡《산송장》, 단편《무도회의 뒤》,《병 속의 아료샤》 등이 있다. 논문으로는 〈종교와 도덕〉, 〈톨스토이즘에 대하여〉, 〈현대의 노예제도〉, 〈자기완성의 의의〉, 〈유일한 수단〉, 〈세 가지 의문〉, 〈셰익스피어론〉, 〈유년 시대의 추억〉, 〈러시아 혁명의 의의〉, 〈마을의 노래〉 그리고 최후의 대작 〈인생의 길〉 등이 있다.

　톨스토이의 작품은 지금도 세계에서 가장 많은 독자를 가지며, 많은 작가에게 영향을 주고 있다. 그는 한마디로 불세출의 작가며 철저한 자기완성을 위한 종교인이었으며 사상가였다.

┃ 톨스토이의 소통 비법 특징적 요소 ┃

　앞에서도 언급했듯이 톨스토이는 '톨스토이주의'의 창시자이자 실천자로서 착취에 기초를 둔 일체의 국가적, 교회적, 사회적, 경제적 질서를 비판하는 동시에 그 부정을 폭로하고 지상에 있어서 '신국神國' 건설의 길을 인간의 도덕적 갱생에 두었으며, 악에 대항하기 위한 폭력을 부정, 기독교적 인간애와 자기완성을 주창했다. 그것이야말로 인간의 삶을 행복하게 하는 일이며, 인간으로서 반드시 행해야 할 일이라고 여긴 것이다.

톨스토이의 위대성은 작가로서의 작품 세계에도 있지만, 그는 무엇보다도 인간과의 소통을 중요하게 여겼다는 사실이다. 그는 러시아의 귀족으로 많은 농토를 가지고 있었다. 또한 대지주로서 많은 하인들을 부렸다. 하지만 그는 지주로서 영지 내의 농민생활을 개선하려 노력했다. 그러나 안타깝게도 그의 노력은 실패하고 말았다. 그 당시 귀족들은 그의 그러한 행태에 대해 못마땅하게 생각했던 것이다. 그것은 귀족의 특권인 기득권을 내려놓은 것과 같았기 때문이다.

이렇듯 보수사회에서 개혁이나 혁신을 하기란 목숨을 걸어야 할 만큼 힘들다. 기득권을 가진 자들의 반대가 강하게 작용하기 때문이다. 그럼에도 불구하고 톨스토이는 끊임없이 인간관계를 개선하기 위해 노력을 다했다. 톨스토이는 부유한 귀족 출신이었지만 청빈한 삶을 산, 가난한 이들의 친구였으며 그들을 위해 자신을 낮추고, 낮은 자리에서 사랑을 실천한 실천주의자의 삶을 살았다. 그의 소통 비법 특징적 요소에 대해 알아보는 것만으로도 인간관계를 이어가는 데 많은 도움이 될 것이다.

첫째, 약속을 매우 소중히 했다

톨스토이가 그의 인생에서 소중하게 생각한 것은 약속이다. 약속은 인간관계에서 반드시 지켜야 하는 것이라고 믿기 때문이었다. 옳은 말이다. 약속은 인간관계에서 매우 중요하다. 사람들은 하루에도 수많은 약속을 하며 살아간다. 개인과 개인, 개인과 사회, 사회와 사회, 국가와 개인 등 약속의 대상도 다양하다. 그러나 문제는 지키는 약속도 있지만 지켜지지 않는 약속이 많다. 약속을 지키지 않는다는 것은 믿음과 신뢰를 저버리는 행위이다. 이는 곧 인간관계의 단절을 가져오는 요인으로 작용한다.

생각해보라. 약속을 잘 지키지 않는 사람과의 소통이 자연스러울 수 있는지를. 당연히 그런 사람과는 거리를 두게 된다. 자신에게 도움이 안 될 뿐만 아니라 교류할 가치가 없다고 보기 때문이다. 약속을 지키지 않는 행위는 비도덕적이며 비인격적인 행위이다. 톨스토이가 약속을 얼마나 소중하게 생각했는지를 잘 알게 하는 이야기이다.

어느 날 톨스토이는 귀중한 서류를 친구에게 전해주기 위해 말을 타고 가고 있었다. 그때 톨스토이가 가지고 있는 백합꽃이 수놓인 가방을 보고 어떤 소녀가 자기 어머니에게 그런 가방을 사달라고 졸랐다. 그러자 그 어머니는 소녀를 달랬다.

"엄마도 그렇게 하고 싶어. 그러나 저렇게 생긴 가방은 너무 귀해서 어디에 가도 살 수가 없단다."

그러나 소녀는 막무가내로 계속 떼를 썼다. 그 광경을 보고 톨스토이가 소녀 곁으로 갔다.

"얘야, 조금만 기다려 주겠니? 아저씨가 지금 아주 중요한 일로 친구를 만나러 가는데, 그 친구에게 이 가방 속의 서류를 전해주고 나서 오는 길에 너에게 꼭 주마."

톨스토이는 우는 소녀의 눈물을 닦아주며 말했다. 그러고는 말을 몰아 달려갔다. 그런데 그 가방은 톨스토이가 할아버지로부터 물려받은 유물로써 가보와 같은 물건이었다. 그러나 톨스토이는 일단 한 말에는 책임을 지고 약속을 지켜야 한다고 생각했다. 볼일을 마친 톨스토이는 소녀와의 약속을 지키기 위해 가방을 들고 소녀와 만났던 곳으로 갔다. 톨스토이는 소녀의 집 대문을 두드렸다. 그러자 문을 열고 나온 소녀의 어머니가 톨스토이를 보자 눈물을 흘리며 울기 시작했다. 당황한 톨스토이가 물었다.

"아니, 왜 그러십니까?"

소녀의 어머니는 흐느끼다가 한참만에야 눈물을 거두었다.

"자, 따님에게 이 가방을 전해주십시오. 약속을 지키기 위해 먼 길을 달려왔습니다."

톨스토이가 가방을 내밀자 소녀의 어머니는 또다시 흐느끼며 조그만 목소리로 말했다.

"선생님, 이젠 가방이 소용없게 되었습니다."

"아니, 그게 무슨 말씀이십니까?"

"우리 애가 그저께 선생님과 헤어진 후 갑자기 열이 오르며 앓더니 그만 죽고 말았습니다. 눈을 감을 때까지 선생님을 만나 가방을 받겠다며 밖으로 나가려고 했었는데……."

톨스토이는 너무도 놀라 할 말을 잊었다.

"오늘 아침에 저 산에 묻었어요."

이렇게 말을 하고 나서 소녀의 어머니는 다시 얼굴을 감쌌다.

"너무 슬픈 일을 당하셨군요. 비록 따님은 가고 없지만 따님에게 가방을 주기로 한 약속은 지켜야 하겠습니다. 자, 눈물을 거두고 따님의 무덤으로 저를 데려다 주십시오."

톨스토이는 소녀의 어머니를 따라 무덤으로 갔다. 그리고 가지고 온 가방을 무덤 앞에 놓았다. 톨스토이는 고개를 숙여 소녀의 영혼이 편안히 잠들기를 빌었다.

이 이야기에서 톨스토이의 포근하고 넉넉한 인간미를 만난다. 한 어린아이와 우연히 한 약속과 할아버지가 물려 준 가보와 같은 가방을 전해 주기 위해 볼일을 마치자마자 달려갔던 톨스토이. 소녀는 안타깝게 죽고 없었지만 그는 자신이 한 약속을 지키기 위해 소녀의 무덤 앞에 가방을 놓아두었다는 사실을 기억해야 한다. 이 이야기는 널리 알려졌고, 톨스토이의 인품에 대해 사람들은 그를 더욱 존경했다.

💬 약속을 꼭 지켜야 하는 3가지 이유

● 약속은 반드시 지켜야 한다. 약속은 상대에 대한 예의이다. 약속을 어긴다는 것은 상대에 대한 믿음과 신뢰를 저버리는 행위이다.

● 약속은 서로 간에 믿음을 전하는 아름다운 행위이다. 한쪽은 약속을 지키는데 한쪽이 약속을 지키지 않으면 인간관계에 악영향을 끼친다. 약속을 함부로 여긴다는 것은 자신의 무지를 드러내는 것과 같다.

● 약속에는 책임감이 따른다. 그래서 지키지 못할 약속은 양해를 구해서라도 하지 마라. 책임을 회피한다는 것은 매우 못난 짓이다. 못난 짓은 그대로 자신에게 돌아가 소통을 단절시키는 원인이 된다. 이를 각별히 유념해서 약속을 해야 한다.

시간 약속을 지키지 않는 것은 상대에게 매우 무례한 행위일 수 있다. 그런데 서로 간에 한 약속을 한쪽이 깬다든지, 지키지 않는다면 이는 서로의 관계를 단절하게 하는 요인이 된다. 사실 우리 주변에는 약속을 지키지 않아 많은 문제가 야기되고 있는데, 이를 보더라도 약속이 인간관계에 미치는 영향은 매우 크다는 것을 알 수 있다.

"아무리 보잘것없는 것이라 할지라도 한 번 약속한 일은 상대방이 감탄할 정도로 정확하게 지켜야 한다. 신용과 체면도 중요하지만 약속을 어기면 그만큼 서로의 믿음이 약해진다. 그러므로 약속은 꼭 지켜야 한다."

앤드류 카네기의 말로 약속의 중요성을 구체적으로 잘 보여준 말이라고 할 수 있다. 그렇다. 약속을 잘 지키느냐 그렇지 않느냐에 따라 인간관계는 그만큼 영향을 받게 되는 것이다. 약속은 곧 소통의 언어이며, 믿음과 신뢰의 행위이다. 당신은 당신을 위해서라도 당신이 한 약속은 반드시 지켜야 한다.

둘째, 인간을 진정으로 사랑했다

사람이 사람을 사랑한다는 것은 참 복되고 아름다운 일이다. 이성간의 사랑은 이성간의 사랑으로써 그러하고, 부부간이나 부모자식 간에도 그러하고, 형제자매·친구 간에도 그러하고, 타인에 대한 사랑도 그러하다. 사랑은 인간관계를 유기적으로 이끌어주며 서로의 사이를 부드럽고 따뜻하게 해준다. 사랑이 함께 하는 사회는 참으로 행복과 기쁨이 넘치는 사회이다. 그런 사회에서 살아간다면 그것이야말로 가장 복되고 아름다운 일일 것이다.

"사랑을 베푼다는 것은 이 세상을 꽃밭으로 만드는 위대한 열쇠이다."

이는 스코틀랜드의 시인이자 소설가이며《지킬 박사와 하이드》, 《보물섬》으로 유명한 로버트 스티븐슨이 한 말로 사랑이 사람들과 사회에 미치는 영향을 함축적으로 비유하여 잘 보여준 말이다.

톨스토이는 사랑이 인간과 사회에 마치는 영향을 잘 알았다. 그는 독실한 신앙인으로서 누구보다도 믿음 안에서 인간을 사랑하고, 인간다운 세상을 만들기 위해 노력했다. 대지주로서 많은 노예를 부렸지만, 그들에게 함부로 하지 않았으며 인격적으로 존중해주었다. 그들 역시 평등한 인간으로서 자유롭고 평화롭게 살아야 한다고 생각했기 때문이다. 톨스토이는 자신만이라도 이를 실천하기로 결심하고 많은 노예들을 평민으로 회복시켜 주었다. 그리고 물질을 나눠주고 함께 더불어 살기를 실천했다. 그러나 아내의 반대에 부딪혀 심한 갈등을 겪었지만, 그는 언제나 자신의 생각을 멈추지 않았다.

톨스토이는 인간은 인간답게 살아야 한다고 주장했으며, 그러기 위해서는 서로를 진심으로 존경하고 사랑해야 한다고 말했다. 이러한 톨스토이의 생각은 '톨스토이즘'이라는 그만의 사상을 만들어냈다. 이러한 그의 사상은 많은 사람들로부터 공감을 얻었으며, 많은 사람들과 소통하는 창구가 되었다. 톨스토이가 많은 국민들로부터 존경받았던 것은 그의 훌륭한 작품에도 있지만 그보다는 인간을 사랑하고, 따뜻한 삶을 실천했기 때문이다. 이러한 그의 마인드는 그를 소통의 귀재로 만들었고, 역사적인 인물로 남게 했다.

💬 인간을 진정으로 사랑하는 3가지 방법

- 사랑은 서로를 하나로 묶어주는 소통의 수단이자 인간관계를 끈끈하게 맺어주고 이어주는 매개체이다. 사랑의 끈이 탄탄하면 인간관계 또한 탄탄하게 이어진다.
- 사랑은 나를 내려놓을 때 더 많은 사랑을 상대에게 줄 수 있다. 그렇게 될 때 상대 또한 자신을 내려놓고 더 많은 사랑을 주려고 한다. 이것이 가장 바람직한 사랑의 관계이다.
- 탐욕을 버리고 욕망을 버릴 때 사랑의 가치는 더 커진다. 탐욕과 욕망을 가지고 있는 한 사랑을 하고 사랑을 베푼다는 것은 속임수와 같다. 사랑만이 인간을 더욱 인간답게 하고, 세상을 아름답고 행복하게 변화시킬 수 있다.

"사랑은 봄에 피는 꽃과 같다. 온갖 것에 희망을 품게 하고 향기로운 향내를 풍기게 한다. 때문에 사랑은 향기조차 없는 메마른 폐

허나 오막살이집일지라도 희망을 품게 하고 향기로운 향기를 풍기게 하는 것이다."

프랑스 사실주의 문학의 창시자이자 소설가이며 걸작《보바리 부인》으로 유명한 귀스타브 플로베르가 한 말이다. 사랑의 가치와 절대적 필요성을 잘 보여준 말이라고 할 수 있다. 참 좋은 지적이 아닐 수 없다. 사랑은 모든 것을 가능하게 하는 힘이 있다. 진정으로 타인을 이해하고 사랑하는 마음만 있다면 그 누구와도 막힘없이 소통을 이어갈 수 있다.

당신은 스스로를 생각하기에 타인에 대한 사랑이 많은 편이라고 생각하는가? 그렇다면 당신은 좋은 품성을 지녔다고 할 수 있다. 그러나 그렇지 않다면 당신에게 문제가 있을 수 있다. 당신이 능수능란하게 소통을 하고 싶다면 당신의 가슴을 사랑으로 가득 채워라. 사랑은 곧 소통이다.

셋째, 자신을 낮추고 겸손하게 행동했다

톨스토이는 러시아 남부 툴라 근교의 야스나야폴랴나에서 명문 백작가의 넷째로 태어났다. 부유한 귀족 출신이었지만 그는 사치와 낭비를 절제했다. 사치와 낭비는 인간의 탐욕에서 오는 부정한 행위라고 여겼다. 그는 자신의 하인들을 인간적으로 대했으며, 이웃 사람들과도 친밀하게 지내며 인간관계의 폭을 극대화시키며 스스로를 낮추고 겸허하게 행동했다. 그는 대작가로서의 자신보다도 한 인간으로서의 자신의 참된 삶을 원했다. 부유한 환경에서 태어나거나 자란 사람들은 대개 가난한 이들의 사정에는 관심이 없고 오만에 빠지거나 자기중심적이기 쉽다. 그러나 톨스토이는 예외였다. 그는 일찍이 부모를 여의며 극심한 외로움을 느꼈다. 그러면서 주변 사람들의 소중함을 깨달았고 사람에 대한 이해와 배려가 깊어졌다. 외로움을 통해 사람을 사랑하는 마음을 배운 것이다.

톨스토이는 죽음에 대해 끊임없이 생각했다. 죽음의 공포와 삶의 무상을 절감하고 심한 정신적 동요가 일어나기도 했다. 그는 과학, 철학, 예술 등에서 해법을 구하려 했으나 답을 얻지 못하고, 결국은 종교에 의탁했다. 인간의 보편적인 심성에 그도 예외는 아니었다. 톨스토이는 종교에 깊이 심취해 돈독한 신앙심을 키우면서 사람들을 이해하고 사랑하는 법을 배웠다. 그는 스스로를 낮추는 데 익숙했다. 모든 사람은 평등하기에 자신의 노예마저도 노예 신분에서 풀어 주었다. 인간에 대한 톨스토이의 사랑과 이해가 잘 드러나는 말을 보자.

"글 읽을 줄 아는 몇 백만 러시아인들은 굶주린 갈가마귀처럼 입을 벌리고 우리들 앞에 서서 '우리나라의 지식인 작가 여러분, 당신

들 자신과 우리들에게 합당한 문학의 양식을 주십시오. 살아 있는
말에 굶주리고 있는 우리들을 위해 써주십시오. 죽어 있는 말의 쓰
레기에서 우리들을 풀어주십시오.'라고 요구했다. 러시아인들은 아
주 단순하고 정직하니까 우리는 그들의 요구에 응해야 한다. 나는
이 일에 대해서 무척 많이 생각했다. 그리고 내 재능을 다 바쳐 노
력해야겠다고 마음먹었다."

톨스토이가 다닐렙스키에게 작가의 바람직한 자세에 대해 한 말
이다. 이 말엔 인간을 진정으로 사랑하고 배려하고 이해하는 그의
가치관이 잘 나타나 있다.

"강물이 모든 골짜기의 물을 포용할 수 있음은 아래로 흐르기 때
문이다. 오직 아래로 낮출 수 있을 때에야 결국 위로도 오를 수 있
게 된다."

이는 《회남자淮南子》에 나오는 말로 자신을 낮추는 것은 결국 자
신을 높이는 일이라는 것을 뜻한다. 다시 말해 자신이 낮추는 사람
은 낮아짐으로 해서 다른 사람들로부터 높이 여김을 받는다는 것
을 의미한다. 톨스토이는 자신을 낮춤으로 해서 사람들로부터 존경
을 받았으며, 지금도 러시아 국민들의 절대적인 존경을 받고 있다.
이를 잘 알게 하는 것이 바로 '톨스토이의 날Tolstoy day'이다. 러 시아
정부가 그를 기념해서 만든 기념일이다. 이를 보더라도 그가 진정
으로 위대한 작가이자 가난한 이들의 친구였으며, 그들을 위해 자

신을 낮추고, 낮은 자리에서 사랑을 실천한 실천주의의 삶을 살았다는 것을 알 수 있다.

🗨️ 자신을 낮추고 겸손하게 사는 3가지

- 자신을 낮추는 자는 높임을 여기게 되나 자신을 높이는 자는 낮춤을 받게 된다. 자신을 낮추는 자야말로 진정 겸손한 자이다.

- 자신을 남과 동일시하는 자는 남을 소중히 여기게 된다. 그러나 자신만이 전부라고 여기는 자는 자기만 생각한다. 이는 오만이며 자신의 무지를 드러내는 어리석은 행위이다.

- 남을 진정으로 이해하고 배려하는 사람은 겸손한 사람이다. 겸손하지 못한 자는 이해심도 없고, 배려심은 더더욱 찾아볼 수 없다. 겸손은 사람들을 사랑하는 마음에서 싹트는 아름다운 행위이다.

"곧으려거든 몸을 구부려라. 스스로를 드러내지 않는 까닭에 오히려 그 존재가 밝게 나타나며, 스스로 옳다고 여기지 않는 까닭에 그 옳음이 드러나며, 스스로를 뽐내지 않는 까닭에 오히려 공을 이루고, 스스로 자랑하지 않는 까닭에 오히려 그 이름이 오래 기억된다. 성인이 다투지 않는 까닭에 천하가 그와 다툴 수 없는 것이다. 구부러지는 것이 온전히 남는다는 옛말을 믿어라. 진실로 그래야만 사람이 끝까지 온전할 수 있다."

노자老子의 말이다. 아주 좋은 지적이다. 소통을 잘하는 사람은 대개 겸손하게 말하고 행동한다. 겸손한 말과 행동은 사람들을 편안하게 하고 거북하게 하지 않기 때문이다. 당신은 어떤지 스스로를 진단해보라. 친절하고 겸손한편인가 아니면 무뚝뚝하거나 오만한 편인가? 스스로 판단해서 앞에서 말한 '자신을 낮추고 겸손하게 사는 3가지'를 잘 적용한다면 당신 또한 소통을 무리 없이 할 뿐만 아니라, 소통을 능수능란하게 함으로써 어디를 가든 사람들로부터 환영을 받게 될 것이다. 남에게 오래 기억되는 사람, 그런 사람이 진정으로 행복한 사람이다.

레프 톨스토이의
소통 비법 포인트

인간관계에서 약속은 매우 중요하다. 약속을 잘 지키는 사람
은 무엇을 해도 신뢰가 가기 때문이다. 그러나 약속을 지키지
않는 사람은 신뢰가 가지 않아 인간관계에 매우 불리하다. 톨
스토이는 약속을 매우 소중히 했다.

사람을 사랑하는 것처럼 아름다운 일은 없다. 사랑은 상대를
진정으로 위하는 마음을 지닐 때만이 할 수 있는 아름답고 숭
고한 일이기 때문이다. 톨스토이는 인간을 진정으로 사랑했
다. 러시아 사람들이 그를 존경하는 것은 위대한 작가이기 전
에 휴머니스트이기 때문이다.

자신을 낮추고 겸허히 하는 사람은 누구에게나 좋은 이미지
를 준다. 그래서 그 사람과 좋은 인간관계를 갖기 바란다. 톨
스토이는 자신을 낮추고 겸손하게 행동함으로써 사람들과 막
힘없이 소통했다.

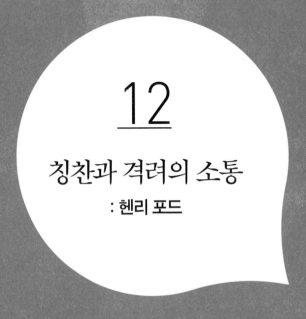

12

칭찬과 격려의 소통

: 헨리 포드

헨리 포드 Henry Ford, 1863~1947

미국 포드자동차 창업주이자 CEO다. 미시간 주 디어번에서 태어났다. 그의 아버지는 농부였으나, 그는 농사에는 관심이 없었지만, 기계를 분해하고 조립하는 데는 뛰어났다. 그는 집을 떠나 여러 회사를 전전하다 에디슨 일루미네팅사에 입사하여 자신의 능력을 인정받고 수석 기사가 되었다. 그러던 중 1899년 회사를 퇴직하고, 포드자동차 회사를 설립했다. 포드는 자동차의 대중화를 선언하고 자동화 생산라인을 설비(컨베이어벨트)를 통해 생산비용을 절감함으로써 저렴한 자동차를 판매했다. 그로 인해 포드는 포드자동차를 최고의 자동차회사로 만들었다. 그는 1일 노동시간을 8시간으로 정하는 등의 당시로서는 피격적인 노동정책을 수립하여 오늘날 노동 정책에 큰 기틀을 마련하는 데 일조했다. 주요 저서로 《나의 산업철학》, 《오늘과 내일》이 있다.

| 혁신적이고 개혁적인 CEO |

포드자동차의 창업주 헨리 포드는 혁신적이고 개혁적인 소통의 마인드로 성공한 대표적인 인물 가운데 한 명이다. 포드는 가난한 집안으로 인해 공부도 별로 하지 못했다. 그는 공장을 전전하며 직공으로 주어진 일에 성실하게 일했다. 그 후 에디슨 일루미네팅사에 입사하여 자신의 능력을 인정받고 수석 기사가 되었다. 그러는 가운데 그의 가슴속엔 자동차를 만들어야겠다는 꿈이 불타고 있었다. 어린 시절부터 호기심으로 똘똘 뭉쳐진 그는 자신의 꿈을 실현시키기 위해 회사일이 끝나면 자동차 만드는 일에 골몰했다. 가진 공구라고는 변변하지 않았지만, 그는 밤을 새워가며 쿵쾅대며 자동차 연구에 몰두했다. 소음으로 인해 마을 사람들에게 욕을 먹기도 했지만, 그의 열정만큼은 높이 평가받았다.

그는 피나는 노력 끝에 멋진 자동차를 만들어냈다. 그가 만든 차는 자동차 경주에서 엄청난 스피드를 내며 우승했다. 이 소식은 삽시간에 퍼졌고, 포드가 설립하는 자동차 회사에 서로 투자하겠다고 법석을 떨었다. 마침내 디트로이트에 포드 이름을 딴 자동차 회사가 설립되었다. 그 후 포드 자동차는 승승장구하며 크게 도약했으며, 미국을 대표하는 세계적인 자동차 회사가 되었다.

포드가 성공할 수 있었던 요인은 무엇이었을까? 우선 포드는 자신이 하고자 하는 일은 반드시 해내고야 마는 강한 의지의 소유자였다. 그에겐 불가능이란 없었다. 그는 새로운 아이디어로 무장하기 위해 늘 탐구하고 노력했다. 포드는 회사를 경영하는 데 있어 합리적이고 체계적인 경영방식으로 기획과 조직 관리에 있어 탁월한 성과를 이루어냈다. 특히 대량 생산을 위한 자동화 생산라인 설비인 컨베이어벨트를 통해 생산비용을 절감한 그가 취한 경영방식은 놀라운 대혁신이었다. 또한 근로자들에 대한 처우문제에도 그 당시로는 획기적인 노동정책을 펼쳤는데, 최저임금 일급 5달러에 1일 8시간 근무를 시행했다. 뿐만 아니라 마케팅 전략에도 뛰어난 실력을 발휘했는데, 가격 인하로 판매량을 늘려 생산성을 높이는 전략을 썼던 것이다. 이러한 그의 경영전략은 놀라운 성과를 이루어 냈고, 미국뿐만 아니라 전 세계적으로 주목 받는 인물이 되었다. 포드 자동차는 미국 최대의 자동차 회사로 군림하며 미국 경제를 끌어올리는 데 크게 기여를 했다.

그러나 무엇보다도 포드가 위대한 인물이 될 수 있었던 것은 상대방의 장점을 보고, 상대방을 칭찬하고 격려하는 남다른 소통의 마인드에 있었다. 포드는 직원 한 사람 한 사람을 직원이 아닌 자신과 동등한 주체로 여긴 것이다. 즉, 상하관계를 수직적으로 보지 않고 수평적관계로 본 것이다. 이러한 그의 경영철학은 지금도 획기적인 것으로 높이 평가받고 있다.

| 포드의 소통 비법 특징적 요소 |

포드가 성공적인 인생이 될 수 있었던 비결은 크게 세 가지로 생각해 볼 수 있다. 첫째는 그의 탁월한 재능에 있다. 포드는 어린 시절부터 손재주가 좋아 기계만지는 것을 좋아했다. 그러다 보니 어떤 기계든 분해하고 조립하는 것을 즐겨했다. 그러는 과정에서 기계에 대한 탐구심을 갖게 되었고, 어른이 되어 공장기술자로 일하는 가운데 새로운 꿈을 갖게 되었다. 그는 자동차를 만들고 싶은 욕망에 사로잡혔다. 자동차 회사를 설립한 그는 자동차 생산에 전력을 투구했다. 자동차를 향한 그의 피나는 노력과 열정, 끊임없는 도전정신 그리고 번뜩이는 창의력은 그가 원하는 것을 성공적으로 해내게 했다. 둘째는 직원들을 아끼고 존중하는 그의 따뜻한 인간애에 있다. 그는 직원을 자신이 고용한 고용인으로 보지 않았다. 사장인 자신과 동격으로 보았다. 그는 언제나 자신이 먼저 직원들 속으로 들어갔다. 격의 없는 그의 따뜻한 말과 행동은 직원들의 경직된 마음을 부드럽게 했으며, 직원들이 회사를 자신의 몸과 같이 생각하게 했다. 사장의 진정성을 알게 된 직원들은 자신의 일을 하듯 성실하게 임했으며, 회사는 날로 성장하기 시작했다. 셋째는 직원들의 능력을 존중해주었다. 학벌이 없어도 능력이 뛰어나면 그가 누구든 승진을 시킴은 물론 그에게 잘 맞는 일을 부여함으로써 그의 능력을 최대한 끌어올렸다. 그러자 학벌이 없는 직원들은 자신의 능력을 계발하는 데 최선을 다했으며, 포드는 노력에 대한 성과에 대해 아낌없는 보상을 해주었다. 포드는 사람의 능력은 학벌에 있는 것이 아니라 그 사람의 성실성과 일에 대한 열정, 그리고 아이디어와 같은 창의성에 있다고 본 것이다. 그렇다. 사람의 창의성은 학벌에 있는 것이 아니라 그 사람의 능력에 있는 것이다.

포드의 성공 비결을 통해 알 수 있는 것은 아무리 뛰어난 실력과 강한 의지를 가졌더라도, 인간관계가 매끄럽지 못하면 자신의 능력을 온전히 펼쳐 보이는 데 한계에 부딪치게 된다는 사실이다. 이를 바꿔 말하면 소통 능력이 좋아야 함을 뜻한다. 포드는 뛰어난 능력과 막힘없는 소통의 마인드를 가졌기 때문에 세계사에 길이 남는 성공적인 인물이 되었다.

다음은 포드의 소통 비법의 세 가지 요소이다.

첫째, 칭찬과 격려를 잘 활용했다

인간관계에서 칭찬과 격려는 참 좋은 소통의 요소이다. 사람은 누구나 칭찬과 격려에 기분 좋아하고 칭찬하는 사람을 좋게 생각한다. 그러다 보니 그와 좋은 인간관계를 이어가기를 바란다. 이러한 과정 속에서 서로 간에 깊은 유대관계가 싹트고 좋은 인생의 파트너로 발전하게 된다.

사람들은 대개 그 사람의 장점보다는 단점을 먼저 보려는 경향이 있다. 이러한 부정적인 태도는 소통에 있어 단절을 불러일으키는 원인이 된다. 소통의 단절은 자신이나 상대방에게 있어 불리한 삶으로 추락시키는 악영향의 요소이다. 이를 잘 알았던 포드는 직원 개개인의 장점을 찾아 칭찬하고 격려해 주었다. 이러한 그의 소통

방식은 상대방의 기분을 좋게 해주고, 책임감을 갖고 일을 해나가는 데 힘이 되게 했다.

"성공의 비결이 있다면 그것은 남의 입장에 설 줄 아는 지혜이다. 그리고 자신의 입장처럼 남의 입장을 이해한 다음 매사를 객관적으로 처리하는 것이다."

이는 포드가 한 말로 그의 말은 자신의 경험에서 나온 생생한 체험이 담긴 말이라서 더 설득력이 강하다. 그렇다. 상대의 입장에서 생각하고 그에 맞게 대처를 하면 상대는 자신에게 했듯 그 사람에게 더 잘해주려고 한다. 생각해보라. 자신에게 성의 있게 대해주는 사람이 얼마나 고마운 사람인지를. 그러니 어떻게 잘 안 할 수가 있을까. 사람은 자신이 한 대로 받는 법이다. 자신이 잘하면 자신이 한 대로 잘 받게 되고, 자신이 못하면 못한 대로 받게 되는 것이 당연지사이다.

"나는 칭찬 한 마디로 두 달을 살 수 있다."

이는《왕자와 거지》,《허클베리 핀의 모험》으로 유명한 미국의 작가 마크 트웨인이 한 말로, 칭찬이 인간에게 미치는 영향이 얼마나 큰지를 잘 알 수 있다. 칭찬과 격려를 싫어하는 사람들은 없다. 다만, 칭찬과 격려에 익숙지 않다 보니 몸에 배지 않아 잘 못하는 것뿐이다. 칭찬과 격려를 습관화해야 한다. 습관이 되면 언제 어디서든, 곁에 누가 있든 간에 자연스럽게 칭찬하고 격려하게 된다. 또한 소통 능력을 높이게 됨으로써 인간관계에서 좋은 결과를 얻게 된다.

💬 칭찬과 격려를 잘하는 3가지

- 칭찬과 격려를 잘 하는 사람은 매사에 능동적이고 적극적이다. 그러나 칭찬과 격려에 인색한 사람은 수동적이고 소극적이다. 칭찬과 격려를 잘하기 위해서는 능동적이고 적극적인 마인드를 길러야 한다.

- 상대가 자신보다 더 낫다는 생각을 하면 칭찬을 잘 못한다. 자존심의 문제라고 여기기 때문이다. 하지만 이는 매우 잘못된 생각이다. 칭찬을 잘하는 사람은 그만큼 마음이 넓고 자신감이 크다. 또한 상대를 칭찬함으로써 상대에게 좋은 이미지를 심어주게 된다.

- 칭찬을 잘하는 사람일수록 주변 사람들로부터 칭찬을 받는다. 칭찬을 하면 칭찬하는 사람에게는 더 큰 칭찬이 되어 돌아온다. 칭찬을 잘하는 사람이 사람들과 소통을 잘하는 것은 바로 이런 이유에서다. 칭찬은 참 좋은 소통의 에너지이다.

당신은 사람들로부터 칭찬을 받았을 때 기분이 어떠했는지를 생각해보라. 당연히 기분이 좋았을 것이다. 칭찬하는 사람에게 왜 칭찬하느냐고 말하는 사람은 세상 그 어디에도 없다. 칭찬은 남녀노소 할 것 없이 모두가 좋아한다. 칭찬을 받으면 기분이 좋기 때문인데, 칭찬은 엔도르핀의 분비를 도와 건강에도 좋다.

"나는 지금까지 세상에 온갖 위대한 인물들과 만나왔지만 남에게 청찬을 받으며 일하는 것보다 남에게 비난을 받으며 일하는 편이 훨씬 더 좋다고 말하는 사람은 아직 만난 적이 없다."

이는 노동자 출신으로 앤드류 카네기에게 발탁되어 자신의 역량을 맘껏 펼쳐 보임으로써 U.S철강의 사장에 오른 찰스 스왑이 한 말로 청찬은 곧 성공의 에너지라는 것을 잘 알게 한다. 그 역시 성공을 할 수 있었던 것은 청찬에 있다. 그는 동료 직원들을 잘 다루었으며 청찬과 격려를 아끼지 않았다. 이를 눈여겨본 카네기는 그를 발탁했고, 그 후 날개를 단 듯 성공적인 인생이 되었다.

청찬과 격려는 상대방을 기분 좋게 함으로써 잠재된 능력을 끌어낸다. 그리고 상대방과 좋은 인간관계를 갖게 됨으로써 상대는 물론 자신에게도 긍정적인 결과를 가져오게 한다. 찰스 스왑이 그랬던 것처럼, 헨리 포드가 그랬듯이 당신은 청찬과 격려의 달인이 된다면 당신 또한 인간관계에 능통하게 됨으로써 생산적이고 창의적인 인생으로 살아가게 될 것이다.

둘째, 직원(상대)의 입장에서 생각했다

포드는 사장이었지만 언제나 직원들 입장에서 생각하고 말했다.

그는 늘 직원들이 일하는 데 불편한 것은 무엇인지, 임금은 부족하지 않은지, 직원들이 회사에 바라는 것은 무엇인지를 직원들의 입장에서 살펴봄으로써 직원들로부터 좋은 평가를 받았다. 직원들을 자신처럼 생각하는 그의 말과 행동은 직원들로부터 깊은 공감을 샀던 것이다. 또한 포드는 직원을 만나면 자신이 먼저 인사를 건넸다. 사장에게 먼저 인사를 받은 직원들은 매우 흡족한 얼굴을 했다. 생각해보라. 최고의 경영주가 말단 사원인 자신에게 먼저 인사를 건네는데 좋아하지 않을 수 있을지를. 격의 없는 포드의 인간미 넘치는 모습에 직원들은 크게 매료 되었던 것이다.

이뿐만이 아니라 포드는 직원들의 이름을 일일이 기억해 불러준 걸로도 유명하다. 자신의 이름을 불러주는 사장의 친근함에 직원들은 그를 사장이 아닌 인심 좋은 이웃사촌처럼 생각했고, 회사를 자신의 집처럼 생각하고 열심을 다해 일했다. 그 결과 포드 자동차 회사는 날로 급성장했다. 그리고 마침내 최고의 자동차 회사가 되었다.

"상대의 이름을 대화 안에 넣으면 친밀한 관계가 이뤄진다."

이는 일본 고마자와 여자대학 인문학부 교수이자 바람직한 인간관계를 위한 저서《표현의 달인》의 저자인 도미타 다카시가 한 말로 상대의 이름을 불러주는 것이 인간관계에 긍정적으로 작용한다는 것을 잘 알게 한다. 그렇다. 이름을 불러주는 것은 친밀감을 높이는 데 매우 중요하게 작용한다. 서로 모르는 사람들도 인사를 하고 난 후 서로의 이름을 불러주면 금방 친해지는 것은 바로 이러한 이유에서다.

지금 우리 사회에서 기업을 경영하면서 자신의 회사 직원들의 이름을 기억해주는 경영주가 과연 얼마나 될까. 아마 모르긴 몰라도 흔치 않을 것이다. 더욱이 규모가 제법 큰 회사의 경영주라면 더더욱 그럴 것이다. 일개의 직원들은 경영주가 자신의 이름을 기억해주는 데 대해 크게 감동할 수밖에 없었을 것이다. 그만큼 직원들을 자기 가족처럼 아낀다는 의미이기 때문이다. 포드의 인간미와 삶의 진정성은 결국 그를 최고의 CEO가 되게 했다. 포드는 기업주와 직원들은 수직관계가 아니라 수평관계라는 것을 잘 보여준 대표적인 기업가이다. 대개의 사람들은 수직관계라고하면 마음에 바리게이트를 치고 상대를 대한다. 그러나 수평관계라고 하면 격의 없이 상대를 대한다. 그래서 수평적인 관계에서 자연스러운 소통 관계가 이루어지고, 그럼으로써 인간관계의 폭을 넓혀나가게 된다. 수직과 수평이라는 낱말 자체만으로도 느끼는 감정은 크게 차이가 난다. 포드는 사람들의 보편적인 심리적인 현상을 지혜롭게 잘 적용함으로써 자신이 원하는 것을 이룰 수 있었다.

💬 상대의 입장에서 생각하는 3가지

● 상대와 좋은 인간관계를 맺고 싶다면 역지사지易地思之라는 말과 같이

매사를 상대의 입장에서 생각하고 말하고 행동해야 한다. '상대라면 이런 경우 어떻게 생각할까?' 하고 생각한다면 소통에서 생기는 문제를 최소화할 수 있다.

● 서로 간에 문제가 발생했을 때에는 감정을 최대한 절제하고, 이성적으로 생각해야 한다. 그러면 상대를 좀 더 객관적으로 보게 되고, 문제가 될 수 있는 것도 충분히 막을 수 있다.

● 상대의 말과 행동에 섭섭함을 느꼈을 때 상대가 왜 그렇게 했는지에 대해 생각해보라. 자신에게 문제가 없었는지를. 그래서 자신에게 문제가 있다면 정중하게 사과하고, 문제가 없다고 생각이 들면 상대에게 물어보라. 그리고 상대의 입장과 자신의 입장을 고려해 순리적으로 문제를 푼다면 아무 일 없이 더 좋은 관계로 발전할 수 있다.

살아가면서 생기는 모든 문제는 좋은 일이든 나쁜 일이든 사람들과의 관계에서 발생한다. 인간의 삶의 중심은 바로 인간이기 때문이다. 인간이 인간을 떠나서는 존재할 수 없고 아무것도 할 수 없다. 때문에 인간관계는 매우 중요할 수밖에 없다. 그런데 인간관계에 문제가 있다면 이는 곧 자신에게 부정적으로 작용하게 된다. 당신이 사람들과 좋은 관계를 맺고 싶다면 무엇이든 상대의 입장에서 생각해보기를 습관화하라. 습관화가 되면 어떤 상황에서도 당황하거나 분노하기 전에 왜 이 일이 나에게 생겼는지, 상대가 왜 그렇게 했는지에 대해 이성적으로 생각하게 된다.

"만일 내가 그의 입장이라면 과연 어떻게 느끼고 어떻게 반응할 것인가를 스스로 묻고 스스로 대답해보라."

이는 데일 카네기가 한 말로 상대의 입장에서 생각해보는 것이 상대를 이해하고 받아들이는 데 긍정적으로 작용한다는 것을 알 수 있다. 사람은 누구나 자기의 입장에서 이해해주고 배려해주는 사람에게 관심을 기울인다. 그 사람은 이해심이 깊고 배려심이 깊다고 생각하기 때문이다.

당신은 상대의 관점에서 생각하는 편인가? 그렇다면 참 좋은 마인드를 가졌다고 봐도 좋다. 그러나 그렇지 않다거나 부족하다면 상대에 대한 당신의 관점의 폭을 넓힐 필요가 있다. 그렇게 되면 당신은 만나는 사람들 누구와도 좋은 인간관계를 갖게 될 것이다.

셋째, 열린 마음으로 사람들을 대했다

포드는 열린 마음과 열린 생각을 가진 창의적인 사람이다. 그는 직원을 채용하는 데 있어 학력보다는 그 사람의 능력을 보았다. 그는 대학을 나온 사람이든 초등학교만 나온 사람이든 똑같은 입장에서 생각했다. 이에 대한 일화이다.

두 젊은이가 입사를 했다. 한 젊은이는 대학을 나왔고, 한 젊은이는 무학력자였다. 둘에게 똑같이 수습사원(인턴사원)으로서의 임무가 주어졌다. 그러자 대학을 나온 젊은이가 말했다.

"이는 부당한 처사라고 생각합니다."

"어째서 그렇다고 생각합니까?"

포드가 넌지시 바라보며 말했다.

"저는 대학을 나왔지만, 저 사람은 대학을 나오지 않았습니다. 그런데 어째서 그와 내개 똑같은 일을 해야 한다는 말입니까?"

젊은이는 화가 난 표정으로 말했다.

"그래요. 당신 말처럼 당신은 대학을 나왔고, 저 사람은 무학력잡니다. 그러나 중요한 것은 대학을 나오고 안 나오고가 아니라 주어진 일에 대처하는 능력이 보다 더 중요하지요. 이는 학력과는 관계가 없는, 그 사람의 일에 대한 대처능력이 더 중요하다고 생각합니다."

포드는 자신의 생각을 말해주었다. 하지만 젊은이는 부당함을 거듭 주장했다. 그러자 포드는 자신은 사람 됨됨이를 먼저 본다고 말하며, 지금으로 말하자면 인턴 기간이 끝나면 그때 각각에 맞는 일이 주어질 것이라고 말해주었다. 하지만 대학을 나온 직원은 퇴사를 하고 말았다. 그러나 무학력자인 직원은 열심히 일해 승승장구하여 공장장이 되었다. 포드는 학력보다는 그 사람의 됨됨이와 능력을 보았던 것이다. 열심히 일할 능력은 있지만 학력 때문에 취업을 고민하는 사람들에게 포드의 배려는 매우 획기적인 것이었고, 직원들에게 믿음을 주고 공감을 얻어내는 데 있어 매우 탁월한 소통의 마인드가 되었다.

포드의 직원 채용방식은 지금 생각해도 매우 획기적이며, 매우 열린 방식이 아닐 수 없다. 그의 채용방식은 학력이 없거나 짧은 사람들에게 희망을 주었으며, 그러한 그의 채용방식으로 들어 온 사람들에 의해 회사는 날로 발전했다. 이는 무엇을 말하는가? 그의 열린 채용방식은 많은 사람들에게 공감을 불러 일으켰고, 학벌은 없지만 능력 있는 사람들에게는 자신의 능력을 발휘할 수 있도록 했다. 포드의 열린 마음과 열린 생각은 많은 사람들과 소통하는 데 유리하게 작용했고, 많은 사람들로부터 혁신적인 기업가로, 탁월한 소통의 귀재로 평가받았다.

"남이 당신에게 관심을 갖게 하고 싶거든 당신 자신의 귀와 눈을 닫지 말고 다른 사람에게 관심을 표하라. 이를 이해하지 못하면, 아무리 재능이 있고 능력이 있다고 해도 남과 좋게 지내기는 불가능하다."

이는 로렌스 굴드가 한 말로 열린 마음이 인간관계에 미치는 영향을 잘 보여준다. 그렇다. 사람들과 좋은 관계를 갖고 싶다면 자신이 먼저 다가가고, 사람들의 말에 귀를 기울여야 한다. 그러면 사람들도 마음을 열고 다가온다. 인간관계도 결국은 노력이다. 노력이 없으면 인간관계가 단절되어 소통이 막히게 된다.

🗨️ 열린 마음으로 다가가는 3가지

● 사람은 누구나 좋게 말하고 자신에게 관심을 가져주는 사람을 좋아한다. 특히, 자신이 필요로 하는 사람을 대할 땐 그 사람의 장점을 들어 좋게 말하고, 관심을 갖고 있다는 모습을 보여주어라. 그리고 긍정적으로 말하고 긍정적으로 행동하라.

● 좋은 인간관계를 맺고 싶다면 자신이 먼저 다가가라. 마음을 열고 다가가면 상대 또한 마음을 열고 받아들인다. 단 한 가지 조심해야 할 것은 자신이 상대보다 우월하다는 언행이다. 이는 상대의 감정을 자극하게 함으로써 부정적으로 작용한다.

● 함부로 말하고 행동하는 것을 조심해야 한다. 이를 좋아할 사람은 어디에도 없다. 상대에 대해 예의를 지키고 말과 행동을 바르게 하라. 사람들은 예의가 있고 언행이 바른 사람을 좋아하고, 그에게 관심을 기울이는 법이다.

인간관계를 잘하는 사람은 대개가 열린 마음과 생각을 갖고 있다. 열린 마음과 열린 생각은 상대에게 거부감을 주지 않는다. 그러다보니 상대 또한 자신의 마음을 열고 다가온다. 열린 마음과 열린 마음이 만나고, 열린 생각과 열린 생각이 만나면 긍정적인 에너지가 발생하고, 창의적인 생각이 발동한다. 인간관계가 좋은 사람들이 자신이 하는 일에서 좋은 결과를 내는 것은 바로 이러한 이유에서다. 그러나 닫힌 마음, 닫힌 생각을 가진 사람은 누구를 만나든 거부감을 준다. 그러다 보니 어느 누구도 관심을 가져주지 않는다. 닫힌 마음, 닫힌 생각은 부정적으로 작용하여 자신의 삶을 축소시키고, 어디를 가든 관심을 받지 못한다. 성공적인 인생을 살았던 사람들은 하나같이 열린 마음 열린 생각을 가졌다는 공통점이 있다. 긍정적이고 창의적인 생각이 발동하니 어떻게 잘 되지 않을 수 있을까.

당신 또한 성공한 인생이 되고 싶을 것이다. 그렇다면 자신을 한번 살펴보라. 마음이 열리고 생각이 열렸는지를. 만일 당신의 마음과 생각이 닫혔다고 생각이 들면 마음을 열고 생각을 열어야 한다. 그렇게 될 때 당신은 매사를 긍정적으로 바라보게 되고, 자신의 일에 열정을 뿜어내게 된다. 그리고 꾸준히 길을 가다 보면 당신이 바라는 것을 손에 쥐게 된다. 열린 마음, 열린 생각은 자신을 잘 되게 하는 참 좋은 소통의 수단이자 성공의 마인드이다.

칭찬과 격려는 사람들을 기분 좋게 만든다. 칭찬을 받게 되면 엔도르핀이 분비되어 기분을 끌어올리기 때문이다. 그래서 사람들은 누구나 자신을 칭찬하고 격려하는 사람에게 깊은 관심을 보인다. 포드는 칭찬과 격려를 잘 활용했다.

매사를 상대의 입장에서 생각한다는 것은 그만큼 상대에 대한 배려심이 좋다는 것을 의미한다. 이런 사람을 좋아하지 않을 사람은 없다. 포드는 직원(상대)의 입장에서 생각했다. 직원들은 그를 진심으로 존경하였으며 회사를 위해 최선을 다함으로써 포드자동차는 최고의 자동차 회사가 되었다.

마음을 열고 사람들을 대하면 사람들 또한 마음을 열고 다가온다. 진정한 소통은 이런 관계 속에서 형성된다. 포드는 열린 마음으로 사람들을 대했으며 그의 진정성을 잘 아는 사람들은 그와 소통하는 것을 매우 행복하고 자랑스럽게 여겼다.

13

성실성과 멀티적 소통

: 벤저민 프랭클린

벤저민 프랭클린 Benjamin Franklin, 1706~1790

미국의 정치가, 과학자, 문필가이다. 보스턴에서 태어난 프랭클린은 어린 시절 아버지가 경영하는 양초와 비누 제조업을 돕다가 형이 운영하는 인쇄소에서 수습공으로 일했다. 1729년 프랭클린은 〈펜실베이니아 가제트〉지를 인수하여 경영자가 되었으며 〈펜실베이니아 가제트〉를 유명한 신문으로 발전시켰다. 그리고 필라델피아 아카데미를 창설하고, 도서관을 설립했으며 미국 철학협회를 창립하는 등 폭넓은 교육문화 활동에도 전념했다.

그는 고성능의 '프랭클린 난로'를 발명하고, 피뢰침을 발명하여 명성을 떨쳤다. 그는 체신장관이 되었고, 영국에 파견되어 식민지에 자주과세권을 획득하고 귀국했다. 1775년 영국에서 귀국한 그는 제2회 '대륙대회'의 펜실베이니아 대표로 뽑혔으며, 1776년에는 독립기초위원에 임명되었다. 그리고 아메리카와 프랑스 동맹을 성립시켰으며, 1783년 파리조약에 미국 대표의 일원이 되었다. 그는 미국 건국의 아버지 중 한 사람으로 100달러 지폐의 주인공이기도 하다.

| 가난을 성공으로 이끈 멀티적 크리에이티브 |

벤저민 프랭클린처럼 다방면에서 뛰어난 능력을 발휘한 사람들도 흔치 않다. 그는 정치가, 과학자, 문필가로서 명성을 떨쳤으며, 미국 건국의 아버지 중 한 사람으로 미국 국민들이 존경하는 대표적인 인물이다.

보스턴에서 태어난 프랭클린은 어린 시절 가난하여 학교를 다니지 못했다. 그는 아버지가 경영하는 양초와 비누 제조업을 돕다가 형이 운영하는 인쇄소에서 수습공으로 일했다. 그는 인쇄 일을 돕는 틈틈이 기술을 익혔다. 어린 그에게 인쇄 일은 매우 힘에 벅찼다. 프랭클린은 17살 때 형과의 충돌로 집을 나갔는데, 그가 간 곳은 필라델피아였다. 그는 인쇄공이 되었다. 인쇄공으로 일하면서 그는 힘들고 어려운 일을 즐거운 마음으로 극복할 수 있었다. 인쇄공으로 일하던 그는 영국으로 갔다. 그는 영국에서 2년간 머물다 귀국했다. 새로운 곳에서의 경험은 그에게 있어, 새로운 꿈과 열정을 심어주었다.

1729년 프랭클린은 〈펜실베이니아 가제트〉지를 인수하여 경영자가 되었다. 그는 편집에도 직접 참여하는 열의를 보이며 〈펜실베이니아 가제트〉를 유명한 신문으로 발전시켰다. 그리고 교육에도 관심이 많아 펜실베이니아 대학교의 전신이었던 필라델피아 아카데미를 창설하고, 도서관을 설립했으며 미국철학협회를 창립하는 등 폭넓은 교육 · 문화활동에도 전념했다. 뿐만 아니라 프랭클린은 자연과학에도 유난히 관심이 많았는데, 지진의 원인을 연구하여 발표를 했고, 고성능의 '프랭클린 난로'를 발명했으며, 획기적인 피뢰침을 발명하여 명성을 떨쳤다. 그의 멈출지 모르는 도전은 연을 이용한 실험을 통해 번개와 전기의 방전은 동일한 것이라는 가설을 증명하고, 전기유기체설을 제창했다.

프랭클린의 성과는 많은 사람들에게 감명을 주었고, 1753년에는 영국 로열소사이어티회원에 선정되어 코플리상을 받았다. 그는 체신장관 대리가 되어 우편제도를 새롭게 개선했고, 올리버 회의에 펜실베이니아 대표로 참석하여 최초의 식민지 연합안을 제안했다. 그는 영국에 파견되어 식민지에 자주과세권을 획득했으며, 인지조례 철폐를 성공시켰다.

1775년 영국에서 귀국한 그는 제2회 '대륙대회'의 펜실베이니아 대표로 뽑혔고, 1776년에는 독립기초위원에 임명되었다. 그리고 그해 프랑스로 건너가 아메리카와 프랑스 동맹을 성립시켰고, 프랑스 재정원조를 얻는 데 성공했다. 그는 1783년 파리조약에 미국 대표의 일원이 되었다. 프랭클린은 1785년 귀국하여 펜실베이니아 행정위원회 위원장이 되었고, 1787년 헌법회의에는 펜실베이니아 대표가 되었다. 그는 미국 건국의 아버지의 한 사람으로 미국 국민들의 존경을 받고 있다. 긍정적이고 능동적인 그의 성격은 그가 새로운 일을 추진하는 데 열정을 불러일으켰고, 한 번 마음먹은 일은 반드시 성공시켰다. 그리고 무엇보다 그는 소통을 매우 중요하게 여겼다. 바람직한 인간관계야말로 성공의 지름길이요, 인생을 보다 풍요롭게 해준다고 믿었다. 그는 많은 명언을 남기기도 했는데 그 안에는 체험에서 우러난 생생한 삶이 녹아 있어 읽는 사람으로 하여금 긍정적인 생각을 갖게 만든다. 그는 인생에서 중요한 것은 학벌이 아니라 능력이며, 새로운 것에 대한 도전정신이라는 것을 몸소 보여준 대표적인 인물이다.

| 프랭클린의 소통 비법 특징적 요소 |

프랭클린은 다방면에서 매우 놀라운 성공을 거두며 사람들을 놀라게 했다. 과학자, 정치인, 문필가, 경영자 등 그가 마음에 두고 한 일은 모두 이루어 냈는데, 이러한 성공이 그를 더욱 돋보이는 인생이 되게 했다.

그가 성공적인 인생이 될 수 있었던 것은 그의 탁월한 능력에도 있지만, 탁월한 인간관계에 있었다. 그는 사람들과의 관계를 매우 중요하게 생각했다. 성공을 하던 무엇을 하던 인간이 그 중심에 있으며, 인간관계가 원만하지 못하면 성공할 수 없다고 믿었다. 그래서 그는 만나는 사람들 누구와도 격의 없이 잘 지내려고 노력했다. 말과 행동을 조심하며 상대방의 관점에서 생각했고, 설령 자신의 생각과 다른 것이 있더라도 상대를 자극하지 않으면서 자신의 생각을 논리적으로 증명해보임으로써 상대를 설득했다. 이를 잘 아는 프랭클린은 남과 쓸데없는 논쟁을 하지 않았고, 남을 비판하거나 업신여기는 일이 없었다. 항상 남의 말에 귀를 기울이고 배려했으며, 자신을 과신하거나 교만하게 굴지 않았다.

"앉아 있는 신사보다 서 있는 농부가 더 훌륭하다."

이는 프랭클린이 한 말로 그의 말처럼 그는 매우 서민적이고 겸손한 사람이었다. 프랭클린의 인생을 한마디로 함축해서 말한다면 멀티적 인생이라고 할 수 있다. 그가 다방면에서 뛰어난 능력을 발휘하며 성공할 수 있었던 것은 그의 독서력에 있다. 그는 배움을 갖지 못했지만 풍부한 지식을 갖출 수 있었던 것은 독서에 있기 때문이다. 다양한 독서는 다양한 사람들로부터 배우는 것과 같은 효과를 지니기 때문에 독서가 한 인간의 삶에 미치는 영향은 클 수밖에 없다. 또한 프랭클린은 사람들과 만나는 것을 매우 소중히 여겼다. 그는 다양한 사람들과의 만남에서 자신의 소통능력을 맘껏 발휘함으로써 자신이 원하는 것을 취할 수 있었다. 그리고 마침내 존경받는 성공적인 인생이 되었다. 프랭클린의 소통 비법 특징적 요소에 대해 살펴보기로 하자.

첫째, 과신하지 않고 겸허하게 행동했다

프랭클린을 한마디로 평한다면 다중적인 사람 즉, 멀티적 맨이라고 할 수 있다. 그는 한 사람의 능력이 얼마나 많은 것을 이뤄낼 수 있는지를 가장 잘보여 준 대표적인 인물이다. 그는 가난한 집안으로 정규교육을 받지 못했지만 책을 통해 많은 지식을 습득했다. 그는 독서를 즐겼으며 책은 그가 원하는 것을 얻게 해주었다.

프랭클린은 언론에 관심이 많아 〈펜실베이니아 가제트〉를 인수하여 크게 성장시키며 경영자로서의 자질을 보여주었다. 또한 그는 과학에도 조예가 깊어 번개와 전기의 방전은 동일한 것이라는 가설을 증명하고, 전기유기체설을 제창하여 과학계를 놀라게 했다. 그리고 고성능의 '프랭클린 난로'를 발명했으며, 피뢰침을 발명하여 발명가로서의 명성을 떨쳤는데 그가 발명한 피뢰침은 근대사에서 가장 획기적인 발명품 중 하나로 평가받고 있다.

그는 정치에도 관심이 많아 영국과 프랑스 정부를 상대로 미국이 원하는 것을 얻게 하는 데 크게 기여했다. 이러한 그의 탁월한 능력은 그가 사람들에게 인정받는 데 크게 작용했다. 사람들은 그의 뛰어난 능력에 매우 놀라워하면서 그가 하는 일은 잘 될 거라는 확신을 갖게 되었다. 그가 정치에 발을 들여놓게 된 것은 바로 이런 이유에서다.

정치란 국가를 위하는 일이며 국민을 위하는 일이다. 이런 막중한 일을 하기 위해서는 능력이 출중해야 한다. 한 사람의 뛰어난 능력은 백 사람 보다도 낫고, 수백만보다도 낫다. 한 사람의 뛰어난 능력이 모든 것을 잘 되게 이끈다. 프랭클린은 자신의 능력을 유감없이 발휘함으로써 많은 사람들의 지지를 받았으며, 그들과 끊임없이 소통함으로써 자신이 원하는 것을 모두 손에 넣을 수 있었다.

프랭클린이 소통의 대가가 될 수 있었던 것은 자신의 출중한 능력을 과신하지 않는 그의 겸허한 마음가짐에 있다. 능력이 뛰어난 사람들 중에는 자신이 능력을 과신한 나머지 함부로 말하고 행동하는 이들이 있다. 이들은 능력은 뛰어날지는 몰라도 인간관계에 있어서는 불통으로 인해 원만하지 못하다. 그래서 오만하다는 말과 교만하다는 말을 들음으로써 뛰어난 능력에도 불구하고 좋지 않은 평가를 받는다. 이런 면에서 프랭클린은 매우 인간적이며 인간의 도리를 익히 아는 사람이었다. 만일 그가 출중한 능력으로 오만하게 행동했다면 미국 건국의 아버지 중 한 사람으로 선택받지 못했을 것이다. 또한 미국 국민들로부터 존경받지 못했을 것이다.

인간사人間事 모든 일은 인간이 중심이며 인간을 통하지 않고서는 아무것도 할 수 없다. 따라서 막힘없는 소통은 좋은 인간관계를 위해서 반드시 필요한 인간관계의 필수조건이라고 할 수 있다.

💬 과신하지 않고 겸허하게 행하는 3가지

- 능력이 뛰어난 사람들에게 볼 수 있는 것은 자기 과신이다. 과신은 능력을 평가절하하는 부정적인 마인드이다. 그래서 이런 사람은 인간관계가 원만하지 못하다. 뛰어난 능력을 인정받으면서 인간관계를 좋게 하려면 과신은 절대금물이다.

- 자신을 드러내지 않는 사람은 그로 인해 오히려 드러남을 받는다. 하지만 자신을 높이는 사람은 도리어 낮아짐을 받는다. 사람들은 자신을 드러내는 사람을 멀리하기 때문이다. 그런 사람은 교류를 봐야 좋

을 게 없다고 생각하는 까닭이다. 사실 그런 사람들 중엔 인간관계가
원만치 않은 사람이 많다.

● 자신에게 정직한 사람은 남에게 자신을 내보이기 위해 자신을 과장하
지 않는다. 그러나 자신에게 정직하지 못한 사람은 자신을 과장하는
것을 아무렇지 않게 생각하는 경향이 있다. 자신에게 정직하라. 자신
에게 정직하면 자신의 능력을 누구에게나 인정받게 된다.

"진리를 추구하는 사람은 흙보다도 더한 겸허함을 지녀야 한다."
이는 인도 독립의 아버지 마하트마 간디의 말로 겸허의 의미를
흙에 빗댄 말이다. 흙은 모든 생명을 품어주고, 곡식과 과일을 잘
자라게 감싸준다. 흙은 그 자체가 생명이며, 생명의 주체이다. 그러
면서도 드러나지 않는다. 간디의 말은 흙과 같은 사람이 될 때 진리
를 깨우치게 되고 진정성을 지니게 된다는 말이다. 이런 사람을 싫
어할 사람은 없다. 어디를 가든 누구에게든지 반드시 필요한 사람
이 바로 흙과 같은 사람이다. 프랭클린은 간디의 입장에서 본다면
흙과 같은 사람이었다. 그는 자신의 능력을 국가와 국민을 위해 아
낌없이 발휘했다. 그가 미국 국민들로부터 존경받는 것은 지극히
당연한 일이다.

당신이 소통을 잘 하기 위해서는 아무리 능력이 빼어나다 해도
자신을 겸허히 해야 한다. 당신의 능력은 그로 인해 더욱 빛날 것이

며, 사람들과의 원만한 인간관계로 당신의 삶은 보다 원활하게 돌아가게 됨으로써 만족한 삶을 추구하게 될 것이다.

둘째, 인간관계를 매우 소중히 했다

프랭클린은 인간관계를 매우 중요시했다. 인간관계가 막히면 자신이 원하는 삶을 살 수 없다고 생각했기 때문이다. 그가 이런 생각을 갖게 된 것은 어린 시절의 영향이 크다고 볼 수 있다. 그는 가난하여 학교를 다니지 못한 채 아버지를 도와 양초와 비누 만드는 일을 했다. 그러다 형이 하는 인쇄소에서 인쇄 일을 했는데, 그 일은 생각보다 어려웠다. 그러던 어느 날 형과 다투고 필라델피아로 갔고 그곳에서 인쇄공으로 일했다. 그는 힘들게 일하면서 반드시 자신이 원하는 삶을 살겠노라고 생각했다. 이런 생각은 그를 성실하게 만들었고, 탐구력을 기르게 했다. 그는 지식을 쌓기 위해 많은 책을 읽었으며, 인간관계를 잘 해야겠다는 생각에 사람들과의 관계를 매우 소중히 여겼다. 그는 사람들과의 인간관계를 잘 맺기 위해서는 소통에 문제가 있어서는 안 된다는 것을 경험을 통해 알게 되었다.

그는 사람들이 자신에게 다가와주길 기다리지 않고, 자신이 먼저 다가갔다. 먼저 마음을 열고 다가가는 사람들을 싫다고 내치는 사람은 없다. 그런 사람은 성품이 좋다고 생각하고 자신 또한 그에게 다가가는 것이 인간관계의 법칙이다. 프랭클린은 이를 잘 활용했다. 그의 인간관계의 성공적인 예를 몇 가지 살펴보기로 하자.

첫째, 프랭클린은 신문사를 인수하여 유력지로 성장시켰다. 언론의 특징상 사람들과의 관계를 중요하게 여기지 않으면 경영하기가 힘들다. 언론은 사람을 대상으로 하는 경영특성상 소통을 매우 중요하게 해야 하는데 그의 신문사가 유력지가 될 수 있었던 데에는 그의 뛰어난 소통 능력이 있었기에 가능했다. 둘째, 그가 체신장관 대리가 되고, 올리버 회의에 펜실베이니아 대표가 되고, 영국에 파견되어 식민지에 자주과세권을 획득하고 인지조례의 철폐를 성공시키며 자신의 능력을 발휘하며 국가를 위해 크게 일조한 것은 그의 탁월한 소통능력에 있다. 셋째, 그가 제2회 대륙대회의 펜실베이니아 대표로 선출된 것이나, 1776년에는 독립기초위원에 임명된 것 역시 그의 뛰어난 인간관계에 있다. 그의 탁월한 인간관계 맺음은 국외에서도 예외가 없었다. 그는 미국 대표로 프랑스에 건너가 아메리카와 프랑스 동맹을 성립시켰고, 프랑스 재정원조를 얻는 데 성공했는데 이 모든 성과는 사람의 마음을 움직이게 하는 그의 탁월한 인간관계에 있었다.

이러한 인간관계와 탁월한 능력은 그를 미국 건국의 아버지의 한 사람으로서 성공적인 인생이 되게 했다.

💬 인간관계를 잘 맺는 3가지

- 사람들과 인간관계를 잘 맺기 위해서는 인간성이 좋아야 한다. 인간성이 좋은 사람에게는 사람이 따른다. 그러나 인간성이 좋지 않은 사람에겐 사람이 가까이 하지 않는다. 좋은 인간성은 인간관계를 좋게 하는 데 있어 필수요소이다.

- 인간관계를 잘 하기 위해서는 믿음과 신뢰성이 좋아야 한다. 믿음과 신뢰성이 좋은 사람은 남을 곤경에 처하게 하지 않는다. 인간관계를 잘 하고 싶다면 믿음과 신뢰성을 길러야 한다.

- 사람들은 자신을 존중해주는 사람에게 깊은 관심을 갖는다. 그런 사람은 자신에게 필요한 사람이라고 생각하기 때문이다. 존중하는 마음은 관심의 마음이며 사랑의 마음이다. 인간관계의 고수가 되고 싶다면 존중하는 마음은 필수이다.

중국 노나라 사상가인 묵자墨子는 겸애兼愛라는 학설을 주창했다. 겸애란 모든 사람을 구별하지 말고 똑같이 사랑하는 것을 말하는 것으로 예수 그리스도의 '인간을 사랑하라'는 사상과 많이 닮아 있다. 인간을 사랑하는 데 지위와 재능, 권력과 부에 따라 달리한다면 그것은 진정한 사랑이 아니다. 인간은 누구나 평등하며 똑같이 사랑받을 권리가 있나. 이러한 사상은 인간관계에 있어 매우 중요하게 작용한다.

묵자는 인간관계의 기술 7가지를 설파했는데 다음과 같다. 첫째, 지혜로운 사람은 때와 장소, 사람을 가릴 줄 안다. 둘째, 아첨하는 사람을 곁에 두지 않는다. 셋째, 겸허한 태도로 마음을 연다. 넷째, 상대방의 자존심을 짓밟는 의미 없는 논쟁을 하지 않는다. 다섯째, 나를 비워야 타인을 담을 수 있다. 여섯째, 소인에게 맞서는 기술과 피하는 기술이 필요하다. 일곱째, 자신의 재능을 지나치게 드러내지 않는다. 묵자의 인간관계의 기술 7가지를 실천할 수 있다면 인간관계를 막힘없이 잘하게 됨으로써 완벽한 소통도 가능하다고 하겠다. 묵자의 관점에서 봤을 때 프랭클린은 인간관계를 능수능란하게 펼친 소통의 고수라고 할 수 있다.

당신 또한 인간관계의 고수가 되고 싶을 것이다. 그렇다면 프랭클린의 인간관계법을 적극 실천해보라. 당신 또한 폭넓은 인간관계를 통해 당신의 인생을 폭넓게 살게 되는 데 큰 도움이 될 것이다.

셋째, 자신이 맡은 일에 대한 책임감이 뛰어났다

프랭클린은 책임감이 강하고 일에 대한 성취욕이 강했다. 그는 자신에게 주어진 일은 누구보다도 잘하려고 했으며, 하는 일마다 좋은 성과를 이뤄냈다. 이러한 프랭클린은 삶의 자세는 주변 사람들에게 믿음을 주었으며, 그가 정치에 참여하는 계기가 되었다. 그가 책임감이 뛰어나고 성취욕이 강할 수밖에 없는 것은 어린 시절부터 자신의 일은 자신이 알아서 하는, 자율성이 매우 강했다. 자율성이 강하다 보니 책임감 또한 강했다. 이는 누구에게도 의지하지 않고 스스로를 믿고 행하는 사람들에게서 볼 수 있는 현상이다.

그는 자수성가로 언론사 사주가 되었고, 많은 사람들로부터 좋은 평판을 얻었다, 그러자 그에게 정계에 입문하는 기회가 주어졌다. 그가 '제2회 대륙대회'의 펜실베이니아 대표로 선출된 것이나 1776년에 독립기초위원에 임명된 것은 그것을 잘 의미한다고 하겠다. 미국은 신생국가로 많은 것을 필요로 했다. 독립기초위원이 된 프랭클린은 미국이 신생국가로 건국하는 데 막대한 영향을 끼쳤다. 그가 미국 건국의 아버지 중 한 사람으로 미국 역사의 한 페이지를 장식한 것을 봐도 그가 얼마나 책임감이 강하고 일에 대한 성취욕이 강한지를 잘 알 수 있다.

"자신과 약속을 어기는 사람은 남과의 약속도 쉽게 저버릴 수 있다."

이는 앤드류 카네기의 말로 자신과의 약속을 잘 지키는 사람이 남과의 약속도 잘 지킨다는 것을 알 수 있다. 참으로 정확한 지적이라고 할 수 있다. 자신과의 약속을 잘 지킨다는 것은 매우 중요하다. 사람들은 대개 자신과의 약속을 안 지켜도 무방하다고 생각하는 경향이 있다. 이는 대단히 잘못된 생각이 아닐 수 없다. 자신과의 약속을 무시하면 남과의 약속도 대수롭지 않게 생각하게 된다.

"맡겨진 책임에 충실하면 기회는 스스로 만들어진다."

이는 미국 백화점 왕으로 불리는 존 워너 메이커가 한 말로 책임감이 강한 사람이 좋은 기회를 얻게 된다는 것을 잘 알게 한다. 그렇다. 책임감이 강한 사람은 인간관계 또한 좋다. 책임감이 강한 사람은 믿음이 가고 신뢰하게 되기 때문이다. 책임감이 약한 사람은 믿음과 신뢰가 가지 않는 관계로 인간관계가 좋지 않다. 책임감이 없는 사람과 인간관계를 갖고 싶지 않은 것은 당연한 일이다. 그런 사람과 교류를 한다는 것은 득보다는 실이 많다는 것을 잘 알기 때문이다.

프랭클린은 이런 관점에서 볼 때 완벽에 가까운 사람이었다. 사람들은 그와 교류하기를 원했으며, 많은 사람들이 그와 소통을 하며 인간관계를 맺었다. 많은 사람들과 교류는 프랭클린에게 정계에 진출하는 기회가 되어주었을 뿐만 아니라 그의 삶을 성공적으로 이끌어 주었다. 책임이 감이 좋다는 것은 인생을 살아가는 데 있어 매우 바람직한 일이며 그 사람의 가치를 높여주는 품격 있는 소통의 마인드이다.

💬 책임감 있는 삶의 자세 3가지

● 자신에게 주어진 일은 반드시 책임지고 완수해야 한다. 그것은 자신

과의 약속이며 다른 사람들과의 약속이기 때문이다. 책임감이 좋은 사람이 좋은 평가를 받는 것은 자신에게나 다른 사람에게 가치 있는 일이기 때문이다.

- 책임감이 좋은 사람은 인간관계 측면에서 매우 유리하다. 그런 사람과의 교류는 자신에게 유익이 된다고 믿기 때문이다. 이를 증명하듯 성공적인 인생을 살았던 사람들은 책임감이 좋았다. 또한 인간관계도 원만해 많은 사람들과 교류했다. 이는 책임감이 인간의 삶에 미치는 영향이 그만큼 크다는 것을 방증한다. 책임감 있게 말하고, 책임감 있게 실행하라.

- 책임지지 못할 약속이나 책임지지 못할 일은 아예 하지 말아야 한다. 덜컥 약속을 하거나 맡게 되면 스스로 함정에 빠지는 것과 같다. 책임 질 수 없는 약속이나 책임지지 못하는 일에 대해서는 정중하게 양해를 하는 것이 바람직하다. 그것은 자신을 난처한 일로부터 스스로를 구제하는 것과 같다.

"오늘의 책임은 피할 수 있지만, 내일의 책임은 피할 수 없다."
러시아 국민작가 톨스토이의 말이다. 톨스토이의 말은 매우 실체적이고 현실적이다. 사람들 중에는 욕심이나 체면치레 때문에 할 수 없는 일을 맡아놓고는 전전긍긍하는 사람들이 의외로 많음을 볼 수 있다. 이는 대단히 무모한 일이며 어리석은 일이다. 욕심도 자신의 입장을 고려해서 해야 후회를 않는 법이다. 능력도 안 되는데 일을 맡는다는 것은 비상식적인 일이다. 이는 사람들과의 관계를 악화시키는 부작용을 낳을 수 있기 때문이다.

책임지지 못할 일을 맡아 놓고 책임지지 않는다면 그 피해는 고스란히 다른 사람에게 돌아간다는 것을 생각해보라. 그러니 생각 있는 사람치고 누가 그처럼 무모하고 무책임한 사람과 교류를 하겠는가. 책임감이 강한 사람은 인간관계가 좋지만, 책임감이 없는 사람이 인간관계가 나쁜 것은 지극히 당연한 일이다.

당신은 책임감이 강한 편인가, 아니면 약한 편인가? 강한 편이라면 좋지만 약한 편이라면 당신의 책임감을 강화시켜야 한다. 그렇지 않는다면 당신은 사람들로부터 나쁜 평가를 받게 됨은 물론 당신의 인생을 마이너스로 전환될 수도 있다. 당신이 사람들과의 원만한 교류를 갖고 싶다면 이점을 각별히 유념해야 할 것이다.

벤저민 프랭클린의
소통 비법 포인트

자신을 과신하지 않고 자신을 겸허하게 하는 사람은 사람들에게 좋은 이미지를 준다. 그런 사람과의 만남은 자신에게 매우 긍정적으로 생각되기 때문이다. 프랭클린은 자신을 과신하지 않고 겸허하게 행동함으로써 사람들에게 좋은 이미지를 심어주었다.

인간관계를 중요하게 생각하는 사람은 말과 행동을 매우 조심스럽고 신중하게 한다. 함부로 말하고 행동하는 것은 상대에 대한 예의가 아니라는 것을 잘 아는 까닭이다. 프랭클린은 인간관계를 매우 소중히 함으로써 사람들과 폭넓게 소통했다.

책임감이 강한 사람은 사람들에게 좋은 이미지를 준다. 그런 사람은 사귀어도 해가 되지 않는다고 믿기 때문이다. 프랭클린은 자신이 맡은 일에 대한 책임감이 뛰어났다. 그가 미국 건국의 아버지 중 한 사람이 될 수 있었던 것은 국가와 국민에 대한 책임감이 뛰어났기 때문이다.

소통의 품격

1판 1쇄 인쇄 2017년 9월 18일
1판 1쇄 발행 2017년 9월 25일

지은이 김옥림
펴낸이 임종관
펴낸곳 미래북
편　집 정광희
본문디자인 디자인 [연:우]
등록 제 302-2003-000026호
주소 서울특별시 용산구 효창원로 64길 43-6 (효창동 4층)
마케팅 경기도 고양시 덕양구 화정로 65 한화 오벨리스크 1901호
전화 02)738-1227(대) ｜ 팩스 02)738-1228
이메일 miraebook@hotmail.com

ISBN　978-89-92289-97-9　　03320